# Contenido

1     El sombrero del tío Nacho
*Cuento folklórico nicaragüense
en versión de Harriet Rohmer*

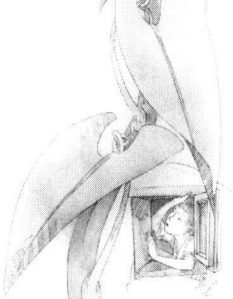

11    Jack y el tallo de frijol
*Cuento folklórico inglés
en versión de Joseph Jacobs*

31    La pajarita de papel
*Fernando Alonso*

37   EL GORRITO MÁGICO
     *Cuento folklórico japonés*
     *en versión de Yoshiko Uchida*

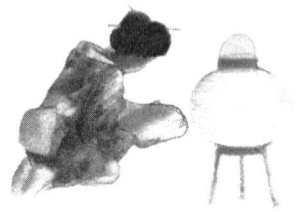

55   LA SAPITA SABIA
     *Rosario Ferré*

63   LA CENICIENTA
     *Charles Perrault*

83   BAJO LA LUNA DE LIMÓN
     *Edith Hope Fine*

# Junior Great Books

*Conversaciones*

2

◆ ◆ ◆

PROGRAMA DE ESTUDIOS INTERPRETATIVOS

DE DISCUSIÓN, ESCRITURA, Y LECTURA

# Junior Great Books

*Conversaciones* 2

THE GREAT BOOKS FOUNDATION
*A nonprofit educational organization*

Copyright © 2002 by The Great Books Foundation

Chicago, Illinois

All rights reserved

ISBN 1-880323-13-3

First Printing

9   8   7   6   5   4   3   2   1   0

Printed in the United States of America

Published and distributed by

THE GREAT BOOKS FOUNDATION
*A nonprofit educational organization*

35 East Wacker Drive, Suite 2300

Chicago, IL 60601-2298

www.greatbooks.org

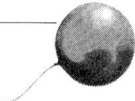

101  **El globo rojo**
*Albert Lamorisse*

119  **El burrito y la tuna**
*Cuento folklórico guajiro
en versión de Ramón Paz Ipuana*

129  **La manzana de la satisfacción**
*Howard Pyle*

El tío Nacho comenzó a gritarle a su sombrero.

# El sombrero del tío Nacho

*Cuento folklórico nicaragüense
en versión de Harriet Rohmer*

Traducción de Rosalma Zubizarreta

Cada día, el tío Nacho se despertaba con el sol. Les daba los buenos días a su gato y a su perro. Les daba los buenos días a su loro y a su mono. Y le daba los buenos días a su sombrero, que estaba muy viejo y todo agujereado.

El tío Nacho encendió el fuego para hacer su café matutino. Cuando el fuego comenzó a apagarse, él lo avivó echándole aire con el sombrero.

Pero como su sombrero estaba viejo y todo aguajereado, no le dio mucho resultado.

La casita se llenó de humo. El gato maulló. El perro ladró. El loro chilló. El mono gritó. Y el tío Nacho comenzó a gritarle a su sombrero:

—¡Eres inútil, y estás todo agujereado! ¡Ya no sirves para nada!

—¡Tío Nacho! ¡Tío Nacho! —llamó alguien a la puerta.

Era Ambrosia, la sobrina del tío Nacho. Ella siempre pasaba de visita un ratito camino de la escuela.

—¿Qué pasa, Tío Nacho? ¿Se está quemando la casa?

—No, Ambrosia. Sólo estoy peleando otra vez con mi sombrero. Ya no me sirve para nada.

—Dices eso cada mañana, Tío Nacho. Por eso hoy día tengo un regalo para ti: ¡un sombrero nuevo!

El tío Nacho se puso el sombrero nuevo y se miró en el espejo.

*¿Por qué el tío Nacho le grita a su sombrero, aunque el sombrero no puede oírlo?*

∴

—Mira qué guapo te ves ahora, Tío Nacho —dijo Ambrosia.

—Es verdad. Todas las muchachas se van a enamorar de mí.

—Pues claro, Tío Nacho. Bueno, tengo que irme a la escuela. Pasaré de vuelta más tarde.

—Cuídate, Ambrosia. Y muchas gracias por el sombrero.

—Así que ahora tengo un sombrero nuevo —se dijo el tío Nacho a sí mismo—.

Pero, ¿qué voy a hacer con este sombrero viejo que ya no sirve para nada?

—Oye, sombrero —le dijo a su sombrero viejo—. ¿Qué voy a hacer contigo?

—Ya sé. Te meteré dentro de mi baúl.

—Espérate un ratito. ¿Qué si entran los ratones y te empiezan a comer? No, no, no. Mejor no te meto dentro del baúl.

—Pero sombrero, la verdad es que ya no me sirves para nada —dijo el tío Nacho—. No me proteges de la lluvia. Te debería tirar. Saldré afuera en este momento y te tiraré a la calle.

—Espérate un ratito. Creo que veo venir un carro. Te puede atropellar. No, no, no. Mejor no te tiro a la calle.

—Pero sombrero, la verdad es que ya no me sirves para nada —dijo el tío Nacho—.

No me proteges del sol. Te debería botar. Saldré afuera en este momento y te botaré a la basura.

—¡Ya está! Espero que algún buen hombre te encuentre. Alguien que te aprecie. Una persona decente. ¡Que Dios los bendiga a los dos!

Unos minutos más tarde, pasó por allí Chabela, la mamá de Ambrosia. Estaba regresando del mercado e iba contando su vuelto. Y entonces vio el sombrero del tío Nacho.

—Yo conozco este sombrero. Es el sombrero del tío Nacho. Alguien debe estarle haciendo un broma al tío Nacho, pobre viejo. Sombrero, ¡vas a venir conmigo ahorita mismo! ¡Te voy a llevar a tu casa, y te devolveré al tío Nacho!

*¿Por qué el tío Nacho decide, finalmente, tirar el sombrero a la basura cuando no pudo ponerlo en el baúl o en la calle?*

—¡Mira, Tío Nacho! ¡Mira lo que me encontré! ¡Tu sombrero!

—Muchísimas gracias, Chabela. Pero este sombrero viejo lo boté porque tu hija Ambrosia me regaló uno nuevo. ¿Ves qué bien me queda?

—¿Ambrosia te regaló un sombrero nuevo así que botaste tu sombrero viejo? ¡Ay! ¿Cómo te va a reconocer la gente sin tu sombrero?

—Es cierto, Chabela. Gracias —, y el tío Nacho tomó su sombrero viejo.

—Pero verdaderamente, sombrero, ya no me sirves para nada —dijo el tío Nacho—. De veras que debiera tirarte. Esta vez te voy a llevar lejos de aquí. Así no se me partirá el corazón cuando piense en ti.

Así que el tío Nacho llevó a su sombrero viejo hasta las afueras del pueblo, donde el pueblo se convierte en campo. Lo colgó en la rama de un árbol que estaba floreciendo.

—Ya está. Por fin podemos despedirnos.

Debajo del árbol, un señor anciano estaba despertándose de su siesta. Vio el sombrero del tío Nacho. —¡Señor! ¡Señor! Se ha olvidado su sombrero.

—Lo estoy dejando acá —dijo el tío Nacho—. A mí ya no me sirve.

—¿Me lo podría dar, entonces?

—Tómelo. El sombrero es suyo.

—¡Muchas gracias, señor! ¡Muchísimas gracias!

El tío Nacho miró al señor anciano que se marchaba con el sombrero puesto.
—Por fin una persona que se lo merece tiene mi sombrero. Que le sirva bien.

El señor anciano estaba tan contento con su sombrero que no vio a Pedro y a Paco que lo estaban siguiendo.

—¡Mira! —dijo Pedro—. Ese viejo lleva puesto el sombrero del tío Nacho. ¡Debe habérselo robado!

—¡Vamos a quitarle ese sombrero que se ha robado! —gritó Paco.

—¡No me lo robé! —protestó el señor anciano.

—¡Es mentira! ¡Se lo robó! —Los muchachos y el señor anciano se pelearon por el sombrero hasta que el sombrero estaba despedazado. Por fin los muchachos lo arrebataron y se fueron corriendo.

—¡Ya lo tenemos! ¡Vamos a llevárselo al tío Nacho! ¡El tío Nacho estará tan contento de tener a su sombrero de vuelta!

—¡Tío Nacho! ¡Tío Nacho!

—¿Qué pasa, muchachos?

—¡Mira lo que tenemos, Tío Nacho! ¡Le quitamos tu sombrero a ese viejo ladrón que se lo había robado!

El tío Nacho se enojó. —Yo le di mi sombrero a ese señor anciano, y ahora ustedes lo han arruinado. ¡Ya ni siquiera es sombrero!

El tío Nacho tomó lo que quedaba del sombrero viejo y tiró la puerta.

Un poquito más tarde, Ambrosia llegó de visita de regreso de la escuela.

*¿Por qué se enoja tanto el tío Nacho cuando ve el sombrero arruinado a pesar de que lo regaló?*

—¿Qué pasa, Tío Nacho? ¿Por qué no tienes puesto tu sombrero nuevo?

—He estado demasiado preocupado por mi sombrero viejo, Ambrosia. Mientras más trato de deshacerme de él, más regresa. No sé qué hacer.

Ambrosia pensó un ratito. —Deja de preocuparte por tu sombrero viejo, Tío Nacho. En cambio, piensa en tu sombrero nuevo.

—¡Tienes razón! No se me había ocurrido antes. ¡Qué inteligente que eres, Ambrosia!

El tío Nacho se puso su sombrero nuevo. —¡Sombrero, vamos! ¡Te voy a llevar a conocer a mis amigos!

*El tallo subía y subía hasta llegar al cielo.*

# Jack y el tallo de frijol

*Cuento folklórico inglés
en versión de Joseph Jacobs*

Traducción de Osvaldo Blanco

Había una vez una pobre viuda que tenía un hijo único llamado Jack y una vaca llamada Blancaleche. Y todo lo que tenían para vivir era la leche que daba la vaca todas las mañanas, la cual llevaban a vender al mercado. Pero una mañana Blancaleche dejó de dar leche y no supieron qué hacer.

—¿Qué vamos a hacer? ¿Qué vamos a hacer? —decía la viuda, retorciéndose las manos.

—No te desanimes, Madre. Yo conseguiré trabajo en alguna parte —dijo Jack.

—Ya hemos intentado eso antes, y nadie quiso tomarte —dijo su madre—. Tendremos que vender a Blancaleche y con ese dinero abrir una tienda o algo así.

—Está bien, Madre —dijo Jack—. Hoy es día de mercado. No tardaré en vender a Blancaleche y entonces veremos qué podemos hacer.

Y así, tomando la cuerda de la vaca, se puso en camino. No había avanzado mucho cuando se encontró con un viejo de aspecto extraño que le dijo:

—Buenos días, Jack.

—Buenos días tenga usted —respondió Jack, sorprendido de que el hombre supiera su nombre.

—Y bien, Jack, ¿para dónde vas? —preguntó el hombre.

—Voy al mercado a vender esta vaca.

—Oh, tú pareces ser el tipo perfecto para vender vacas —dijo el hombre—. Me pregunto si sabrás cuántos frijoles hacen cinco.

—Dos en cada mano y uno en la boca —repuso Jack, listo como un lince.

—Tienes razón —dijo el hombre—. Pues aquí los tienes, los mismísimos frijoles —prosiguió, sacando del bolsillo unas semillas de curioso aspecto—. Como eres tan listo —dijo—, no tengo inconveniente en ofrecerte un cambio: tu vaca por estos frijoles.

—Vamos —dijo Jack—. ¡Bien que le gustaría a usted!

—¡Ah, tú no sabes lo que son estos frijoles! —dijo el hombre—. Si se plantan por la noche, a la mañana siguiente habrán crecido hasta el cielo.

—¿De veras? —dijo Jack—. No me diga.

—Sí, así es, y si no resulta cierto, te devolveré la vaca.

*¿Cambiarías a Blancaleche por las semillas de curioso aspecto? ¿Qué crees tú? ¿Por qué lo hace Jack?*

—¡Muy bien! —aceptó Jack, entregándole la cuerda de Blancaleche y metiéndose los frijoles en el bolsillo.

Jack volvió a casa y, como no había ido muy lejos, no estaba anocheciendo aún cuando llegó a su puerta.

—¿Ya de vuelta, Jack? —dijo su madre—. Veo que no has traído a Blancaleche, así que debes haberla vendido. ¿Cuánto te dieron por ella?

—Nunca adivinarías, Madre —respondió Jack.

—No, no me digas. ¡Qué buen hijo! Cinco libras esterlinas, diez, quince... no, no puede ser veinte libras.

—Te dije que nunca adivinarías. ¿Qué dices de estos frijoles? Son mágicos, los plantas por la noche y...

—¡Qué! —exclamó la madre de Jack—. ¿Cómo pudiste ser tan bobo, tan estúpido, tan idiota para regalar mi Blancaleche, la mejor vaca lechera de la parroquia y, además, con una carne de primera, por un puñado de míseros frijoles? ¡Toma ésa! ¡Toma! ¡Toma! ¡En cuanto a tus preciosos frijoles, ahí van por la ventana! Y ahora te vas a la cama esta noche sin comer ni beber.

Jack subió entonces a su pequeño cuarto en el desván, sintiéndose triste y lamentando por cierto lo ocurrido, tanto por su madre como por la pérdida de su cena.

Finalmente se acostó y se quedó dormido.

Cuando despertó, el cuarto parecía muy extraño. En una parte brillaba el sol, pero el resto estaba oscuro y sombrío. Saltó de la cama, se vistió, y fue a la ventana. ¿Y qué vio? ¡Vaya! Los frijoles que su madre arrojó por la ventana a la huerta se habían convertido de la noche a la mañana en un enorme tallo de frijol que subía, subía, y subía hasta llegar al cielo. El hombre había dicho la verdad, después de todo.

El tallo de frijol crecía muy cerca de la ventana, de modo que Jack sólo tuvo que abrirla y saltar al tallo, que se elevaba como una gran escalera. Entonces Jack se trepó, y trepó y trepó, y trepó y trepó, y siguió trepando hasta que finalmente alcanzó el cielo. Y cuando llegó allá arriba se encontró con un camino ancho y largo que iba derecho como un dardo. Así que anduvo por el camino, y anduvo y anduvo hasta que llegó a una casa alta y enorme, y en el umbral estaba una mujer alta y enorme.

*¿Te treparías un tallo de frijol que subía hasta llegar al cielo? ¿Qué crees tú? ¿Por qué lo hace Jack?*

—Buenos días, señora —dijo Jack, muy cortésmente—. ¿Tendría usted la bondad de darme algo para desayunar?

Puesto que, como ya sabemos, no había comido nada la noche antes, Jack estaba hambriento como un cazador.

—Desayuno es lo que quieres, ¿eh? —dijo la mujer alta y enorme—. En desayuno te convertirás tú si no te marchas de aquí en seguida. Mi marido es un ogro y nada le gusta más que los niños asados con tostadas. Será mejor que te vayas porque pronto estará aquí.

—¡Oh, por favor, señora, déme algo de comer, señora! No he comido nada desde ayer por la mañana, de veras y de verdad, señora —suplicó Jack—. Tanto me da morir asado como morir de hambre.

Bueno, la mujer del ogro no era del todo mala al fin y al cabo. Condujo a Jack a la cocina y le dio un pedazo de pan con queso y un jarro de leche. Pero Jack no había terminado estos cuando... ¡bum! ¡bum! ¡bum!, la casa entera comenzó a estremecerse con el ruido de alguien que se acercaba.

—¡Dios mío! ¡Es mi marido! —dijo la mujer del ogro—. ¿Qué diantre puedo hacer ahora? Ven rápido y métete aquí —. Y empujó a Jack dentro del horno justo cuando entraba el ogro.

Era un ogro grande, por cierto. En el cinturón traía tres becerros colgados por las patas; los descolgó, los tiró sobre la mesa, y dijo:

—Aquí tienes, mujer, ásame un par de éstos para el desayuno. ¡Oh! ¿Qué es eso que estoy oliendo?

*Fi-fa-fo-fé,*

*Huelo la sangre de un inglés.*

*Ya sea que muerto o vivo esté,*

*Para hacer mi pan sus huesos moleré.*

—Tonterías, querido —dijo su esposa—. Estás soñando. O tal vez huelas las sobras de ese niñito de la cena de ayer que te gustó tanto. Mira, ve a lavarte y arreglarte, y para cuando vuelvas ya tendrás listo el desayuno.

De modo que el ogro salió de la cocina, y Jack estaba ya por saltar fuera del horno y escaparse cuando la mujer le advirtió que no lo hiciera.

—Espera a que esté dormido —le dijo—. Siempre se echa un sueño después de desayunar.

Bueno, el ogro tomó su desayuno y se dirigió luego a un gran cofre de donde sacó un par de bolsas de oro; se sentó y estuvo contando hasta que al fin empezó a cabecear y después a roncar hasta que toda la casa se sacudió otra vez.

Entonces Jack salió del horno sigilosamente de puntillas y, al pasar cerca del ogro, tomó una de las bolsas de oro, se la puso bajo el brazo, y corrió a toda

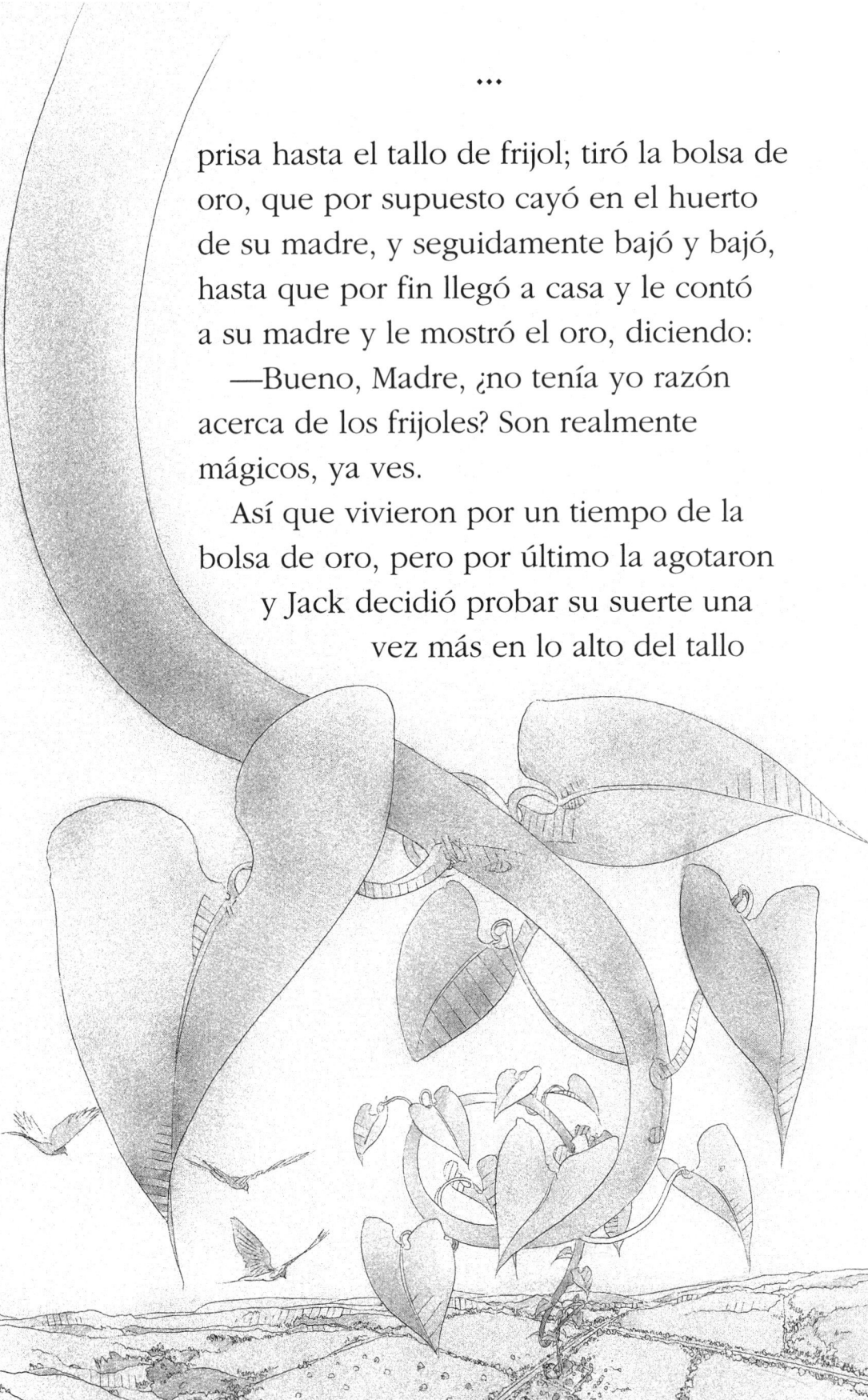

prisa hasta el tallo de frijol; tiró la bolsa de oro, que por supuesto cayó en el huerto de su madre, y seguidamente bajó y bajó, hasta que por fin llegó a casa y le contó a su madre y le mostró el oro, diciendo:

—Bueno, Madre, ¿no tenía yo razón acerca de los frijoles? Son realmente mágicos, ya ves.

Así que vivieron por un tiempo de la bolsa de oro, pero por último la agotaron y Jack decidió probar su suerte una vez más en lo alto del tallo de frijol. Por tanto, una mañana de buen tiempo se levantó temprano, se trepó al tallo y trepó, y trepó y trepó, y siguió trepando hasta que finalmente llegó al mismo camino y a la misma casa alta y enorme en donde había estado antes. Y allí, efectivamente, estaba la mujer alta y enorme de pie en el umbral.

—Buenos días, señora —saludó Jack, descaradamente—. ¿Tendría usted la bondad de darme algo de comer?

—Vete de aquí, muchacho —dijo la mujer alta y enorme—, de lo contrario mi marido te comerá como desayuno. Pero, ¿no eres tú el joven que vino aquí antes una vez? Ese mismo día, ¿sabes?, le faltó a mi marido una de sus bolsas de oro.

—Qué cosa rara, señora —dijo Jack—. Tal vez yo podría decirle algo acerca de eso, pero tengo tanta hambre que no puedo hablar hasta que haya comido algo.

Bueno, la mujer alta y enorme sintió tanta curiosidad que lo hizo pasar y le dio algo para comer. Pero Jack apenas había empezado a masticar tan despacio como podía cuando... ¡bum! ¡bum! ¡bum!, oyeron los pasos del gigante y la mujer escondió a Jack en el horno.

Todo ocurrió como la vez anterior. Entró el ogro de la misma manera, dijo "Fi-fa-fo-fé", y se desayunó con tres bueyes asados. Luego dijo:

—Mujer, tráeme la gallina que pone los huevos de oro.

Entonces la mujer trajo la gallina y el ogro dijo:

—Pon.

Y la gallina puso un huevo totalmente de oro. Después el ogro comenzó a cabecear y roncar hasta hacer sacudir la casa.

Entonces Jack se deslizó fuera del horno de puntillas, agarró la gallina de los huevos de oro, y partió como un relámpago. Pero esta vez la gallina soltó un cacareo que despertó al ogro y, justo cuando salía de la casa, Jack oyó que el gigante gritaba:

—Mujer, mujer,
¿qué has hecho con mi
gallina de los huevos de oro?

Y la mujer respondió:

—¿Por qué, querido?

Pero eso fue todo lo que Jack oyó,
porque salió corriendo a toda velocidad
hacia el tallo de frijol y bajó como
escapando de un lugar en llamas.
Y al llegar a casa mostró a su madre
la maravillosa gallina, a la que dijo:

—Pon.

...

Y la gallina puso un huevo de oro cada vez que él decía "pon".

Pero Jack no estaba satisfecho todavía, y no pasó mucho tiempo antes de que tomara la decisión de probar suerte otra vez allá arriba, en lo alto del tallo de frijol. Y así, una hermosa mañana se levantó temprano, se trepó al tallo y trepó, y trepó y trepó, y siguió trepando hasta que llegó a la copa. Pero esta vez se guardó bien de ir directamente a la casa del ogro. Cuando llegó cerca

de la casa esperó detrás de un arbusto hasta que vio a la mujer del gigante, que salía con un cubo en busca de agua; entonces entró sigilosamente en la casa y se metió en la caldera. No llevaba mucho tiempo allí cuando oyó "¡bum! ¡bum! ¡bum!", como antes, y entraron el ogro y su mujer.

—¡Fi-fa-fo-fé, huelo la sangre de un inglés! —exclamó el ogro—. Lo huelo, mujer, lo huelo.

—¿De veras, querido? —dijo la mujer del ogro—. En tal caso, si es ese pilluelo que te robó el oro y después la gallina que ponía los huevos de oro, seguro que se ha metido en el horno. Y los dos corrieron a ver el horno. Pero Jack no estaba allí, por suerte para él, y la mujer del ogro dijo:

—Ahí tienes otra vez con tu "fi-fa-fo-fé". Pues claro que se trata del niño que atrapaste anoche y acabo de asarte para el desayuno. Qué olvidadiza soy yo y qué poco sagaz eres tú, después de todos estos años, para no notar la diferencia entre alguien vivo y alguien muerto.

De modo que el ogro se sentó para el desayuno y comió, pero sin dejar de murmurar de tanto en tanto:

—Vaya, yo hubiera jurado...

Y seguidamente se levantaba para buscar en la despensa y en las alacenas, en todo; por suerte no pensó en la caldera.

Terminado su desayuno, el ogro llamó:

—Mujer, mujer, tráeme el arpa dorada.

De modo que la mujer trajo el arpa y la puso en la mesa ante él. Entonces el ogro dijo:

—¡Canta!

Y el arpa cantó de la manera más hermosa. Y siguió cantando hasta que el ogro se durmió y empezó a roncar atronadoramente.

Entonces Jack levantó la tapa de la caldera muy silenciosamente, salió de ésta como un ratón, y, avanzando con todo sigilo en cuatro patas, se trepó a la mesa, se apoderó del arpa de oro, y corrió con

ella hacia la puerta. Pero el arpa llamó con fuertes gritos:

—¡Mi amo! ¡Mi amo!

Y el ogro despertó justo a tiempo para ver a Jack escapando con su arpa.

Jack corrió lo más rápidamente que pudo, y el ogro corrió tras él y pronto lo habría alcanzado, pero Jack había echado a correr antes y lo esquivó un poco, además de saber adonde iba. Al llegar al tallo de frijol, el ogro lo seguía a menos de veinte metros de distancia, cuando súbitamente lo vio desaparecer y, al final

*¿Llevarías el arpa después de que despertó al ogro? ¿Qué crees tú? ¿Por qué lo hace Jack?*

del camino, vio a Jack debajo de las hojas descendiendo como alma que lleva el diablo. Bueno, al ogro no le tentaba confiarse a una escalera semejante, por lo que se quedó donde estaba y esperó, de modo que Jack logró otra ventaja. Pero justo en ese momento el arpa gritó:

—¡Mi amo! ¡Mi amo!

Y el ogro se colgó de un salto en el tallo de frijol, el cual se sacudió bajo su peso.

Bajando iba Jack y bajando tras él iba el ogro. Para entonces Jack había bajado, y bajado y bajado hasta faltarle muy poco para llegar a casa. Entonces llamó:

—¡Madre! ¡Madre! Tráeme un hacha, tráeme un hacha.

Y su madre salió a toda prisa con un hacha en la mano, pero cuando alcanzó el tallo de frijol se quedó paralizada de miedo al ver allí las piernas del ogro que bajaban atravesando las nubes.

Pero Jack se bajó de un salto, agarró el hacha, y dio tal hachazo al tallo de frijol que casi lo partió en dos. El ogro sintió que el tallo se sacudía y temblaba, por lo que se detuvo a mirar qué pasaba. En ese momento Jack dio otro hachazo y el tallo de frijol se cortó en dos y comenzó a venirse abajo. Entonces el ogro se cayó y se rompió la coronilla, y el tallo de frijol lo siguió en la caída.

Después Jack mostró a su madre el arpa de oro, y entre las demostraciones del arpa y la venta de los huevos de oro, él y su madre se hicieron muy ricos; Jack se casó con una princesa muy importante y vivieron felices por siempre jamás.

—Quiero que me hagas una pajarita de papel.

# La pajarita de papel

*Fernando Alonso*

Tato tenía seis años y un caballo de madera. Un día, su padre le dijo:

—¿Qué regalo quieres? Dentro de poco es tu cumpleaños.

Tato se quedó callado. No sabía qué pedir. Entonces, vio un pisapapeles sobre la mesa de su padre. Era una pajarita de plata sobre un pedazo de madera. Y sobre la madera estaba escrito: Para los que no tienen tiempo de hacer pajaritas de papel.

Al leer aquello, sin saber por qué, el niño sintió pena por su padre y dijo:

—Quiero que me hagas una pajarita de papel.

El padre sonrió:

—Bueno, te haré una pajarita de papel.

El padre de Tato empezó a hacer una pajarita de papel; pero ya no se acordaba.

Fue a una librería y compró un libro. Con aquel libro, aprendió a hacer pajaritas de papel. Al principio, le salían mal; pero, después de unas horas, hizo una pajarita de papel maravillosa.

—Ya he terminado, ¿te gusta?

El niño miró la pajarita de papel y dijo:

—Está muy bien hecha; pero no me gusta. La pajarita está muy triste.

*¿Por qué dice Tato que la pajarita está triste? ¿Cómo sabe Tato que la pajarita está triste?*

El padre fue a casa de un sabio y le dijo:

—Esta pajarita de papel está triste; inventa algo para que esté alegre.

El sabio hizo un aparato, se lo colocó a la pajarita debajo de las alas, y la pajarita comenzó a volar.

32

El padre llevó la pajarita de papel a Tato y la pajarita voló por toda la habitación.

—¿Te gusta ahora? —le preguntó.

Y el niño dijo:

—Vuela muy bien, pero sigue triste. Yo no quiero una pajarita triste.

El padre fue a casa de otro sabio. El otro sabio hizo un aparato. Y, con aquel aparato, la pajarita podía cantar. La pajarita de papel voló por toda la habitación de Tato. Y, mientras volaba, cantaba una hermosa canción.

Tato dijo:

—Papá, la pajarita de papel está triste; por eso, canta una triste canción. ¡Quiero que mi pajarita sea feliz!

El padre fue a casa de un pintor muy famoso. Y el pintor muy famoso pintó hermosos colores en las alas, en la cola, y en la cabeza de la pajarita de papel. El niño miró la pajarita de papel pintada de hermosos colores.

—Papá, la pajarita de papel sigue estando triste.

El padre de Tato hizo un largo viaje. Fue a casa del sabio más sabio de todos los sabios. Y el sabio más sabio de todos los sabios, después de examinar a la pajarita, le dijo:

—Esta pajarita de papel no necesita volar, no necesita cantar, no necesita hermosos colores para ser feliz.

Y el padre de Tato le preguntó:

—Entonces ¿por qué está triste?

Y el sabio más sabio de todos los sabios le contestó:

—Cuando una pajarita de papel está sola, es una pajarita de papel triste.

*¿Por qué tiene que hacer un largo viaje el papá de Tato para saber qué cosa pondrá feliz a la pajarita?*

...

El padre regresó a casa. Fue al cuarto de Tato y le dijo:

—Ya sé lo que necesita nuestra pajarita para ser feliz.

Y se puso a hacer muchas, muchas pajaritas de papel. Y, cuando la habitación estuvo llena de pajaritas, Tato gritó:

—¡Mira, Papá! Nuestra pajarita de papel ya es muy feliz. Es el mejor regalo que me has hecho en toda mi vida.

Entonces, todas las pajaritas de papel, sin necesidad de ningún aparato, volaron y volaron por toda la habitación.

*Había una vez un anciano honesto.*

# El gorrito mágico

*Cuento folklórico japonés
en versión de Yoshiko Uchida*

Traducción de Osvaldo Blanco

Había una vez un anciano honesto que era amable y bueno, pero era tan pobre que apenas le alcanzaba para el sustento diario. Sin embargo, más que no tener suficiente para su propio alimento, le entristecía no poder llevar alguna ofrenda a su dios protector en el santuario próximo a su casa.

Si al menos pudiera llevarle una ofrenda de pescado, pensaba con tristeza.

Finalmente, un día, cuando no le quedaba nada de comer en la casa, se dirigió al santuario de su dios. Se puso de rodillas e inclinó la cabeza ante él.

—Hoy he venido para ofrecerte lo único que me queda —dijo con pesar—. Sólo tengo mi propia vida para ofrendarte ahora. Tómala, si la deseas.

El anciano permaneció de rodillas silenciosamente, esperando que el dios hablara.

Al poco rato, hubo un leve ruido sordo y el hombre escuchó una voz que parecía venir de muy, muy lejos.

—No te preocupes, anciano —le dijo el dios—. Has sido un hombre honesto y bueno. A partir de hoy cambiaré tu fortuna y no volverás a sufrir.

Entonces el dios protector le entregó al anciano un pequeño gorro rojo.

—Toma este gorrito, anciano —le dijo—. Es un gorrito mágico. Con él en la cabeza, podrás escuchar sonidos que nunca has oído antes.

El anciano levantó la vista, sorprendido. A pesar de sus años, oía muy bien y durante su larga vida había oído muchos, muchos sonidos.

—¿Qué quieres decir? —preguntó—. ¿Qué nuevos sonidos hay en este mundo que yo no haya oído todavía?

El dios sonrió.

—¿Has escuchado realmente alguna vez lo que dice el ruiseñor cuando vuela hacia el ciruelo en la primavera? ¿Has llegado a comprender qué murmuran los árboles entre ellos cuando sus hojas susurran en el viento?

El anciano movió la cabeza negativamente. Había comprendido.

—Gracias, bienamado dios —dijo—. Siempre apreciaré como un tesoro mi gorrito mágico.

Y llevándolo cuidadosamente, emprendió de prisa el camino a su casa.

A medida que caminaba, el anciano sentía que el sol calentaba más, de modo que se detuvo a descansar a la sombra de un árbol grande que se alzaba a la vera

del camino. De repente, vio
volar dos cuervos negros que
vinieron a posarse en el árbol. Uno
venía de las montañas y el otro del mar.
Podía oír su ruidoso cotorreo por encima
de él. ¡Ahora era el momento de probar
su gorrito mágico! Se lo puso rápidamente
y, tan pronto como lo hizo, pudo
comprender todo lo que los cuervos
estaban diciendo.

—¿Y qué tal es la vida en las
tierras del otro lado del mar?
—preguntó el cuervo de las montañas.

—Ah, la vida no es fácil —respondió
el cuervo del mar—. Cada vez es más
difícil encontrar alimento para mis crías.
Pero, cuéntame, ¿tienes alguna noticia
interesante de las montañas?

*¿Qué cosas nuevas aprende el anciano sobre la naturaleza cuando se pone el gorrito mágico?*

—No todo anda bien en nuestras tierras tampoco —repuso el cuervo de las montañas—. Estamos preocupados por nuestro amigo, el alcanforero, que se debilita más cada día. No puede ni vivir ni morir.

—¿Por qué? ¿Cómo puede ser eso? —preguntó el cuervo del mar.

—Es una historia interesante —respondió el cuervo de las montañas—. Hace alrededor de seis años, un hombre rico de nuestro pueblo hizo construir en su jardín una casa adicional de invitados. Mandó cortar el alcanforero para construir la casa, pero las raíces nunca fueron extraídas. El árbol no está muerto, pero tampoco puede vivir, pues cada vez que echa renuevos por debajo de la casa, el jardinero los corta.

—Oh, pobre árbol —dijo el cuervo del mar, compasivamente—. ¿Qué puede hacer él?

—Llora y gime constantemente, pero, ¡ay!, los seres humanos son muy estúpidos —dijo el cuervo de las montañas—. Como

...

nadie parece oírlo, conjuró un maleficio contra el hombre rico y lo hizo enfermarse gravemente. Si no excavan el árbol y lo plantan donde pueda crecer, el hechizo no se romperá y el hombre morirá pronto. Ha estado enfermo por mucho tiempo.

Los dos cuervos siguieron hablando de muchas cosas, posados en el árbol, pero el anciano que escuchaba abajo no podía olvidar la historia del hombre agonizante y el alcanforero.

Si pudiera salvarlos a los dos, pensaba. Probablemente yo sea el único ser humano que conoce la causa por la que el hombre está enfermo.

Se puso rápidamente de pie y, durante todo el camino a casa, trató de pensar en alguna forma de poder salvar al hombre que agonizaba.

Podría ir a su casa y contarle exactamente lo que he oído, pensó. Pero seguramente nadie me creerá si digo que escuché a dos cuervos hablando en un árbol. Tengo que pensar en algo ingenioso para que me escuchen y me crean.

Mientras caminaba, se le ocurrió de pronto una buena idea.

Iré disfrazado de adivino, pensó. Entonces, seguramente me creerán.

Al día siguiente, el anciano tomó su gorrito rojo y partió para el pueblo donde vivía el hombre enfermo. Pasó por la puerta del frente de la casa del hombre, anunciando en voz alta:

—¡Buenaventuras! ¡Buenaventuras! ¡Leo buenaventuras!

...

Un momento después la puerta se abrió de golpe y por ella salió presurosamente la esposa del hombre enfermo.

—Entra, anciano. Entra —llamó la mujer—. Dime qué puedo hacer para que mi marido se ponga bien. He hecho venir médicos de todas partes, pero nadie sabe decirme qué debo hacer.

El anciano entró en la casa y escuchó la historia de la mujer.

...

—Hemos tratado con hierbas y medicinas de muchísimas tierras, pero nada parece ayudarle —dijo ella con tristeza.

Entonces el anciano preguntó:

—¿No construyeron ustedes una casa de invitados en su jardín hace seis años?

La mujer asintió con la cabeza.

—¿Y no ha estado su esposo enfermo desde entonces?

—Pues, sí —respondió ella, reafirmando con la cabeza—. Es verdad. ¿Cómo lo sabías?

—Un adivino sabe muchas cosas —repuso el anciano—. Permítame dormir esta noche en su casa de invitados —añadió seguidamente—, y mañana podré decirle cómo será posible curar a su esposo.

—Sí, por supuesto —contestó la mujer—. Haremos cualquier cosa que tú digas.

Y así, esa noche, después de un opíparo festín, el anciano fue conducido a la casa de invitados. Extendieron para él un hermoso edredón nuevo sobre el *tatami*, y trajeron un brasero de carbón para que le diera calor.

Tan pronto como quedó completamente solo, el anciano se puso el gorrito rojo y se sentó sin hacer ruido, esperando oír hablar al alcanforero. Abrió las puertas corredizas de papel y contempló el cielo tachonado de resplandecientes estrellas. Esperó largamente, pero la noche estaba silenciosa y no escuchó ni el más mínimo murmullo.

*¿Qué cosas nuevas aprende el anciano sobre la naturaleza cuando se pone el gorrito mágico esta vez?*

...

Mientras estaba sentado en la oscuridad, el anciano comenzó a preguntarse si los cuervos no habrían estado equivocados.

Tal vez no haya ningún alcanforero que se esté muriendo, después de todo, pensó.

Y con el gorrito rojo todavía puesto, el anciano se acostó en el edredón y cerró los ojos.

De pronto, oyó un susurro leve, como de muchas hojas agitadas en el viento. Luego oyó una voz apagada y dulce.

—¿Cómo te sientes esta noche, alcanforero? —dijo la voz en el silencio nocturno.

Entonces el anciano oyó un sonido hueco que parecía venir de debajo del piso.

### ...

—Ah, ¿eres tú, pino? —preguntó débilmente aquella voz hueca—. No me siento nada bien. Creo que estoy a punto de morir… de morir… —gimió suavemente.

Un momento después, otra voz susurró:

—Soy yo, el cedro del otro lado de la senda. ¿Te sientes mejor esta noche, alcanforero?

Uno tras otro los árboles del jardín le susurraban suavemente al alcanforero, preguntándole cómo se sentía. Y cada vez, el alcanforero respondía débilmente:

—Me estoy muriendo… Me estoy muriendo…

El anciano sabía que si el árbol se moría, el amo de la casa también iba a morir. En las primeras horas de la mañana siguiente, se dirigió presurosamente a la cabecera del hombre agonizante. Le contó acerca del árbol y del maleficio que éste le había echado.

*¿Por qué están preocupados por el alcanforero los árboles del jardín?*

—Si desea vivir —le dijo—, haga arrancar y trasplantar el alcanforero a algún lugar del jardín en donde pueda crecer.

El hombre enfermo asintió débilmente con la cabeza.

—Haré cualquier cosa, con tal de curarme y ponerme fuerte otra vez.

Y entonces, esa misma mañana, hicieron venir del pueblo carpinteros y jardineros. Los carpinteros arrancaron el piso de la casa de invitados y hallaron el tocón del alcanforero. Cuidadosamente, muy cuidadosamente, los jardineros lo sacaron de la tierra y luego lo trasladaron al jardín, donde tendría lugar para crecer. El anciano observaba, con su gorrito rojo puesto, mientras el árbol era plantado donde el musgo estaba verde y húmedo.

—Ah, por fin —oyó que suspiraba el alcanforero—. Puedo llegar de nuevo al aire limpio y puro. ¡Otra vez puedo crecer!

Tan pronto como el árbol fue trasplantado, el hombre rico comenzó a ponerse más fuerte. Poco tiempo después, había mejorado tanto que pudo levantarse por algunas horas cada día. Luego pasó días enteros levantado y, por último, se sintió completamente bien.

—Tengo que agradecerle al viejo adivino por haberme salvado la vida —dijo—, porque si él no hubiera venido a decirme lo del alcanforero, probablemente yo no estaría vivo hoy.

Entonces mandó a buscar al anciano del gorrito rojo.

—Tú has sido mucho más sabio que cualquiera de los médicos que vinieron de todas partes a verme —le dijo al anciano. Luego, entregándole muchas bolsas llenas de oro, agregó:

—Toma este obsequio, y con él mi gratitud durante toda la vida. Y cuando hayas gastado este oro, yo me ocuparé de que recibas más.

—Oh, es usted realmente muy generoso —dijo contento el anciano, y recogiendo el oro, partió para su casa.

No bien llegó, tomó algunas de las monedas de oro y se encaminó al mercado del pueblo. Allí compró tortas de arroz, mandarinas dulces, y el mejor pescado que pudo encontrar. Rápidamente fue entonces a ver a su dios protector y colocó ante el santuario las cosas que había comprado.

—Mi suerte ha cambiado verdaderamente desde que me diste este maravilloso gorrito mágico —dijo el anciano—. No tengo palabras para agradecerte.

Todos los días, desde entonces, el anciano visitó el santuario, y nunca olvidó llevar una ofrenda de arroz, vino, o pescado para su dios. Pudo vivir desahogadamente, y jamás tuvo que preocuparse otra vez de no tener suficiente para comer. Y como no era una persona codiciosa, guardó su gorrito mágico y no volvió a tratar de leer las buenaventuras. En lugar de eso, vivió apaciblemente y feliz por el resto de sus días.

*A la ranita le gustaba asolearse.*

# La sapita sabia

*Rosario Ferré*

Érase una vez una ranita que vivía a orillas de un río. Le gustaba bañarse en sus cascadas, pero sin sumergirse más arriba de la cintura, porque le tenía miedo a nadar debajo del agua. A un extremo de la ribera, el río se desviaba hacia una poza al centro de la cual había una gran roca cubierta de musgo, donde a la ranita le gustaba asolearse. Dilataba entonces las delicadas aletas de sus narices, henchía de felicidad la barriga, y todo su cuerpo palpitaba sobre la roca como un enorme corazón verde. Un día en que se hallaba allí dormitando, papándose de vez en cuando alguna mosca, escuchó una vocecita que dijo:

—¡Ay ranita, ranita! ¡Pero qué fea eres! ¿No te da vergüenza andar por el mundo con esos ojos pepones, con esa cabeza atufada, y esos graznidos que croas cuando cantas por la quebrada? Además, tú nunca podrás darme alcance, porque no puedes nadar debajo del agua.

La ranita se despabiló un poco y, mirando con atención a su alrededor, vio a un pececito plateado que asomaba burlón la cabeza fuera de la poza. Al verse descubierto, el pececito dio un coletazo y se alejó diciendo:

La rana se baña en el río.
El pez le canta y le baila.
Pero la rana no puede nadar
debajo del agua.

La ranita, decidida a darle alcance al pececito, se armó de valor y, dando un tremendo salto, fue a dar al fondo de la poza. Allí abrió muy grandes los ojos, pero sólo vio algas, un camarón rosado, y un cangrejo amarillo muy viejo arrastrándose por el fondo. Permaneció inmóvil durante varios minutos que le parecieron eternos, sin atreverse a respirar. Divisó por fin a lo lejos el reflejo plateado del pececito, pero cuando trató de darle alcance, sintió como si le apretasen el pecho con un torniquete de acero, y, dando un tremendo salto, salió a la superficie a coger aire.

La ranita regresó muy triste a su roca verde y se sentó allí pensativa. Durante varios días tuvo que resignarse a soportar los chiflidos del pececito, que se burlaba de ella todo el tiempo:

*Ya que la ranita pudo llegar al fondo de la poza, ¿por qué está triste?*

La rana se baña en el río.
El pez la esquiva riendo.
Pero la rana no puede nadar
debajo del agua.

Por fin la rana se cansó, y se fue a visitar a la Rana Grande. Cuando la vio le dijo:

—Mamá Rana, fíjese lo que me ha sucedido. El pececito me ha retado a darle alcance, y yo no sé nadar debajo del agua.

La Rana Grande le acarició la cabeza y le contestó:

—Hija mía, no te quejes. La naturaleza sabe por qué hace a los seres de este mundo tan distintos.

Y siguiendo el consejo de la Rana Grande, la ranita decidió olvidarse del asunto, y se alejó de aquella poza en la que había sido tan desgraciada.

Pasó un mes, y una sequía terrible azotó la tierra. El río menguó su corriente hasta convertirse en quebrada, luego se volvió en arroyo, y finalmente no quedó de él

*¿Por qué le ayuda a la ranita el consejo de la Rana Grande?*

más que un hilito. La ranita volvió a sentirse feliz. Como ya no podía bañarse en las cascadas porque se habían secado, saltaba de piedra en piedra por la ribera del río, bañándose aquí y allá en el agua que quedaba.

Un día pasó junto a la poza de la roca verde, donde antes solía asolearse, y notó que se había reducido hasta no quedar de ella más que un charquito del tamaño de un paraguas. La ranita volvió a sentarse sobre su roca de antaño y se puso a pensar en la inmortalidad del cangrejo, pero como hacía mucho sol, pronto se quedó dormida.

—¡Ay ranita, ranita! ¡Pero qué linda eres! ¿No te da gusto andar por el mundo con esos ojitos tan grandes, con esa cabeza elegante, y ese croar tan hermoso que cantas en la enramada? Si te inclinas un poco hacia adelante te dejaré darme alcance, y me subiré a tus espaldas para que me saques de aquí.

La ranita reconoció enseguida aquella voz, pero como era ya una rana sabia, contestó:

—¡Pececito, pececito! Yo podré ser fea o linda, pero eso ya no importa porque ahora eres tú el que no puedes darme alcance. ¡Se te está acabando el agua y tienes miedo, porque casi no puedes respirar!

Y dando un gran salto la ranita se alejó de allí.

Unos días después volvió a pasar por el lugar y notó que la poza se había reducido hasta no quedar más que un charquito del tamaño de un plato de sopa. Entonces volvió a sentarse sobre su roca, y pronto se quedó dormida. Al poco rato escuchó una vocecita débil que decía:

—¡Ay ranita, ranita! ¡Pero qué linda eres! ¿No te da gusto andar por el mundo con esos ojitos brillantes, con esa cabeza atigrada, y ese croar tan hermoso que cantas en la enramada? Si te inclinas un poquito sobre el agua me subiré a tus espaldas para que me saques de aquí.

Pero como la ranita no le hizo caso, y ni siquiera abrió los ojos para ver quién era, se sumergió otra vez dentro del agua.

*¿Por qué ni siquiera mira la ranita al pececito esta vez?*

•••

Al día siguiente la ranita verde regresó a la poza, y vio que ya no quedaba más que un charquito del tamaño de una tacita de café. El pececito plateado yacía sobre el fango, con la cola de fuera y sólo la cabeza en el agua. Esta vez no dijo nada, y cuando vio a la rana tomar su lugar acostumbrado sobre la roca, guardó silencio.

La ranita se quedó mirando al pececito hasta que por fin se compadeció de él.

—Pececito, que esto te sirva de lección. ¡La naturaleza sabe lo que hace, cuando nos crea a todos tan distintos!

E inclinándose sobre el charco, trepó al pececito a sus espaldas, y se lo llevó lejos de allí, a otra poza en la que hubiese más agua.

—¡Ay, qué hermosa!

# La Cenicienta

*Charles Perrault*

Traducción de Osvaldo Blanco

Había una vez un noble que se casó por segunda vez con la mujer más orgullosa y altanera que jamás se haya visto. Esta mujer tenía dos hijas que eran exactamente iguales a ella en todo sentido. El noble tenía una hija de su primer matrimonio, cuya bondad y dulzura eran insuperables. Pero estas cualidades las heredaba ella de su madre, quien había sido la persona más admirable del mundo.

Apenas terminó de celebrarse la boda, la madrastra demostró lo malvada que era. No podía soportar las excelentes virtudes de aquella niña, que hacían parecer a sus propias hijas aún más desagradables.

Y entonces empezó a darle a la niña los peores quehaceres de la casa. Era ella quien tenía que lavar los platos y fregar las escaleras, y limpiar el dormitorio de la señora y los cuartos de las señoritas que eran hijas de su madrastra. En tanto, ella dormía en la buhardilla, en lo más alto de la casa, sobre un colchón desvencijado, mientras que sus hermanastras tenían habitaciones con pisos de parqué, camas del estilo más moderno, y espejos para mirarse de cuerpo entero.

La pobre niña soportaba todo pacientemente. No se atrevía a quejarse a su padre, porque su segunda mujer lo dominaba por completo y sólo la habría regañado. Una vez que terminaba sus quehaceres, iba a sentarse entre las cenizas en un rincón de la chimenea, y por esta razón en la casa la llamaban Cenizosa. La hija más joven, que no era tan ruda como su hermana mayor, la llamaba Cenicienta. Pero Cenicienta, a pesar de sus ropas harapientas, era cien veces más bonita que sus hermanastras, por mucho que ellas se acicalaran con sus mejores vestidos.

Un día sucedió que el hijo del rey invitó a toda la gente importante a un baile de gala. Y las dos señoritas fueron también invitadas, porque eran prominentes en los círculos sociales de moda en el reino. Así fue que pronto se vieron las dos hermanas, radiantes y alborotadas, escogiendo los vestidos y estilos de peinado que les sentaran mejor. Todo esto, naturalmente, significó más trabajo para Cenicienta, debido a que era ella quien tenía que planchar los cuellos de hilo y plisar los volantes de sus hermanastras.

⋯

Ellas no hablaban de otra cosa sino de lo que iban a ponerse.

—Yo —decía la mayor— llevaré el vestido de terciopelo rojo con encaje inglés.

—Bueno —decía la menor—, yo me pondré una enagua sencilla, pero llevaré encima mi vestido con flores doradas y luciré mi prendedor de diamantes… ¡y el conjunto no será nada sencillo!

Mandaron a hacer ruleros de doble rizado y compraron parches de maquillaje. Después llamaron a Cenicienta para pedirle su opinión, porque ella era la persona que más sabía en cuestiones de buen gusto.

Cenicienta las aconsejó muy bien y hasta se ofreció para peinarlas, que era precisamente lo que ellas deseaban que hiciera.

Luego, mientras las peinaba, le preguntaron:

—Cenicienta, ¿no te gustaría ir al baile?

—¡Oh, señoritas, se están burlando de mí! No sería apropiado que yo fuera.

—Tienes razón. La gente se echaría a reír si vieran a una cenizosa yendo al baile.

*¿Por qué Cenicienta les dice a sus hermanastras que sabe que se están burlando de ella?*

Y al oír aquello, cualquier otra muchacha, salvo Cenicienta, les habría dejado el cabello todo enredado. Pero ella tenía tan buen corazón que les hizo unos peinados perfectos.

De tan excitadas que estaban, las dos hermanas pasaron casi dos días enteros sin comer. Constantemente se estudiaban en el espejo y rompieron más de una docena de cordones ajustando las ballenas del corsé para lucir más delgadas.

Por fin llegó el venturoso día y partieron para el baile. Cenicienta las siguió con la mirada hasta donde fue posible, y cuando desaparecieron de su vista, se puso a llorar.

Su madrina la encontró bañada en lágrimas y le preguntó qué ocurría.

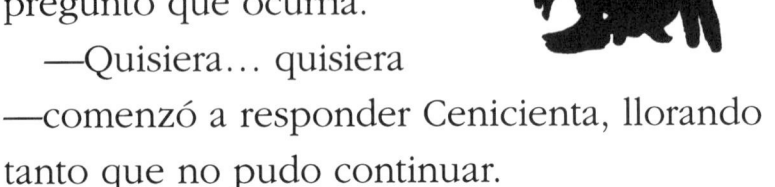

—Quisiera… quisiera —comenzó a responder Cenicienta, llorando tanto que no pudo continuar.

Pero su madrina, que era un hada, le dijo:

—Quisieras poder ir al baile, ¿no es cierto?

—Oh, sí —dijo Cenicienta, suspirando.

—Está bien —dijo su madrina—, si prometes ser una buena chica, yo haré que puedas ir.

Seguidamente la llevó a su habitación y le dijo:

—Ve corriendo al huerto y tráeme una calabaza.

Cenicienta salió en seguida, recogió la mejor calabaza que pudo encontrar, y se la llevó a su madrina, aunque no lograba imaginarse cómo le serviría una calabaza para poder ir al baile. Su madrina ahuecó la calabaza, dejando sólo la corteza. Después le dio un toque con su varita mágica y la calabaza se transformó en una magnífica carroza guarnecida de oro.

Luego miró en la ratonera, donde halló seis ratones, vivos todavía. Le pidió a Cenicienta que levantara un poco la

puerta de la trampa, y a medida que iban saliendo los ratones fue dando a cada uno un toquecito con su varita mágica. Cada uno de ellos se convirtió inmediatamente en un brioso corcel, formando así un tiro de seis hermosos caballos tordos.

La madrina no sabía qué hacer para conseguir un cochero. Entonces Cenicienta dijo:

—Tal vez haya alguna rata en la ratonera. Podríamos hacer de ella un cochero.

—Tienes razón —dijo la madrina—. Ve a ver.

Cenicienta le trajo la ratonera, en la que había tres grandes ratas. El hada eligió una de ellas, que tenía largos bigotes, y al tocarla con su varita mágica se convirtió en un gallardo cochero con los bigotes más vistosos que uno pueda imaginarse.

Entonces, la madrina le dijo a Cenicienta:

—Ve al jardín, donde encontrarás seis lagartijas detrás de la regadera. Tráemelas.

Tan pronto como la muchacha volvió con las lagartijas, la madrina las convirtió en seis lacayos de espléndida librea, quienes se subieron prestamente al pescante trasero de la carroza y aguardaron allí sus órdenes como si nunca hubieran hecho otra cosa en su vida.

Entonces el hada dijo:

—Bueno, Cenicienta, ya tienes todo lo que necesitas para ir al baile. ¿Complacida?

—Sí, pero ¿tengo que ir con estas ropas tan feas?

Su madrina le dio simplemente un golpecito con su varita mágica, y al momento los andrajos de Cenicienta se convirtieron en un vestido de seda, con bordados de oro y plata e incrustaciones de piedras preciosas. Seguidamente le entregó un par de zapatitos de cristal, los más hermosos que nadie hubiera visto.

Y así, suntuosamente ataviada, subió a la carroza. Pero su madrina le advirtió que por nada del mundo permaneciera en el baile un momento más después de la medianoche, porque entonces la carroza se convertiría otra vez en calabaza, los caballos en ratones, los lacayos en lagartijas, y se encontraría nuevamente vestida con sus viejos harapos.

Cenicienta le prometió a su madrina que se marcharía del baile sin falta antes de la medianoche, y partió llena de alegría.

*¿Por qué la madrina le regala a Cenicienta cosas finas que sólo van a durar hasta la medianoche?*

Cuando el hijo del rey fue informado de que acababa de llegar una gran princesa, a quien nadie conocía, se apresuró a salir para recibirla. Le dio la mano para ayudarla a bajar de la carroza y la condujo al salón donde estaban los invitados. Se hizo entonces un gran silencio, la gente dejó de bailar y los violines dejaron de tocar; todo el mundo volvió su atención a la encantadora belleza de aquella desconocida. Lo único que se oía era un confuso murmullo de admiración:

—¡Ay, qué hermosa!

El rey mismo, viejo como era, no podía apartar los ojos de ella y le susurró a la reina que hacía mucho tiempo que no veía a una joven tan bella y agraciada. Todas las damas estudiaban atentamente su peinado y su vestido, a fin de encargar algo igual para ellas al día siguiente, suponiendo que pudieran encontrarse telas tan finas y costureras tan buenas.

El hijo del rey acompañó a Cenicienta al sitio de honor, la invitó a bailar con él y ella bailó con tanta gracia que la gente la admiró todavía más. Se sirvió una magnífica cena, que el príncipe no llegó a probar de tan embelesado que estaba contemplando a Cenicienta.

Ella fue a sentarse en cierto momento junto a sus hermanastras, las colmó de atenciones y compartió con ellas unas naranjas y limones que el príncipe le había dado; esto las asombró, porque no la reconocieron.

Mientras charlaba con ellas, Cenicienta oyó que el reloj daba las doce menos cuarto. Inmediatamente se puso de pie, saludó con una cortés reverencia a los invitados que la rodeaban, y se marchó lo más rápidamente que pudo.

Cuando llegó a su casa, fue a ver a su madrina, y después de agradecerle sus bondades, le dijo que desearía poder ir otra vez al baile al día siguiente, porque el hijo del rey la había invitado. Mientras le contaba a su madrina todo lo que había pasado en el baile, las dos hermanas llamaron a la puerta y Cenicienta fue a abrirles.

—¡Cómo han tardado! —les dijo bostezando, frotándose los ojos y desperezándose como si acabaran de despertarla. En realidad, sin embargo, ni siquiera había pensado en dormir desde la última vez que se vieron.

—Si hubieras venido al baile —dijo una de sus hermanastras— no te habrías cansado tanto. Vino la princesa más hermosa que puedas imaginarte, y fue muy amable con nosotras. ¡Hasta nos dio naranjas y limones!

Fuera de sí de gozo, Cenicienta les preguntó cómo se llamaba esa princesa. Pero le contestaron que nadie lo sabía, y que el hijo del rey se había mostrado muy desilusionado por ello y habría dado cualquier cosa por saber quién era.

—¿Era en verdad tan bella? —dijo traviesamente Cenicienta con una sonrisa—. ¡Vaya, qué afortunadas son ustedes! ¿No podría verla yo? ¡Ay, señorita Javotte, usted tal vez quiera prestarme su vestido amarillo, el que usa de diario!

—¡No me digas! —replicó Javotte—. ¡Qué bien! ¡Prestarle mi vestido a una cenizosa repelente! Tendría yo que estar loca.

Cenicienta esperaba esa negativa, y realmente se alegró de que fuera así, porque no habría sabido qué hacer si su hermanastra le hubiera prestado el vestido.

Al otro día, las dos hermanas salieron para el baile de gala y Cenicienta salió poco después, vestida más elegantemente aún que la primera vez. El hijo del rey se mantuvo todo el tiempo a su lado, halagándola con palabras amables.

La muchacha no se cansaba en absoluto de tales galanterías, que le hicieron olvidar la recomendación de su madrina. Sonó la primera campanada de la medianoche cuando ella creía que ni siquiera eran las once. Se levantó en seguida y huyó con la agilidad de una gacela. El príncipe salió tras ella, pero no logró alcanzarla. La joven perdió uno de sus zapatitos de cristal, y el príncipe lo recogió cuidadosamente.

Cenicienta llegó a casa sin aliento, sin carroza, sin lacayos, y con sus ropas harapientas. Nada quedaba de su magnífica elegancia salvo uno de los zapatitos, compañero del que se le había caído al huir del baile.

Cuando les preguntaron a los guardias de la puerta del palacio si habían visto salir a una princesa, contestaron que sólo habían visto a una joven andrajosa, que parecía una pobre campesina más bien que una señorita importante.

Cuando las dos hermanas regresaron del baile, Cenicienta les preguntó si se habían divertido nuevamente y si la hermosa dama había asistido también.

Le respondieron que sí, pero que se había marchado corriendo al sonar las campanadas de la medianoche, y con tanta prisa que

dejó caer uno de sus pequeños zapatos
de cristal, la cosa más bonita del mundo.
El príncipe lo recogió y no hizo más que
contemplarlo durante el resto de la velada.
Sin duda estaba muy enamorado de la
hermosa dueña del zapatito.

Era verdad lo que decían, ya que pocos
días más tarde el hijo del rey hizo proclamar,
al son de trompetas, que se casaría
con la joven cuyo pie fuera
calzado exactamente
por el zapatito.

Lo probaron primero
con princesas, después
con duquesas, y
finalmente con todas
las damas de la corte, pero sin éxito.

Cuando vinieron a la casa donde vivían las
dos hermanas, éstas hicieron todo lo posible
por calzarse el zapato, pero resultó inútil.

Cenicienta las observaba, sonriendo al
reconocer su zapatito, y dijo:

—Me pregunto si no me calzaría bien
a mí.

⋯

Sus hermanastras se echaron a reír, burlándose de ella. Pero el noble que estaba a cargo de la prueba, luego de mirar atentamente a Cenicienta y encontrarla muy bella, dijo que tenía orden de probarles el zapato a todas las mujeres jóvenes. Le pidió a Cenicienta que se sentara y, deslizando el zapatito en su pequeño pie, observó que calzaba sin dificultad. Le ajustaba como un molde de cera.

El asombro de las dos hermanas fue muy grande, pero resultó mayúsculo cuando Cenicienta sacó de un bolsillo el otro zapatito y se lo puso. En ese momento apareció su madrina y, con un toque de su varita mágica, transformó los andrajos de la joven en el vestido más hermoso que jamás se viera.

Sus dos hermanastras la reconocieron entonces como la bella princesa que habían visto en el baile. Se arrojaron a sus pies pidiéndole perdón por el sufrimiento que le habían causado con su crueldad y malos tratos. Cenicienta las hizo levantarse, las

*¿Por qué las hermanastras de Cenicienta se arrojaron a sus pies pidiéndole perdón?*

abrazó, y les dijo que las perdonaba de todo corazón y esperaba que la quisieran siempre.

Momentos más tarde, magníficamente engalanada fue conducida al palacio, donde el príncipe la encontró más hermosa que antes. Y pocos días después se casaron.

Cenicienta, que era tan buena como hermosa, hizo venir a sus hermanastras al palacio, donde les dio alojamiento y dispuso el casamiento de ambas ese mismo día con dos grandes nobles de la corte.

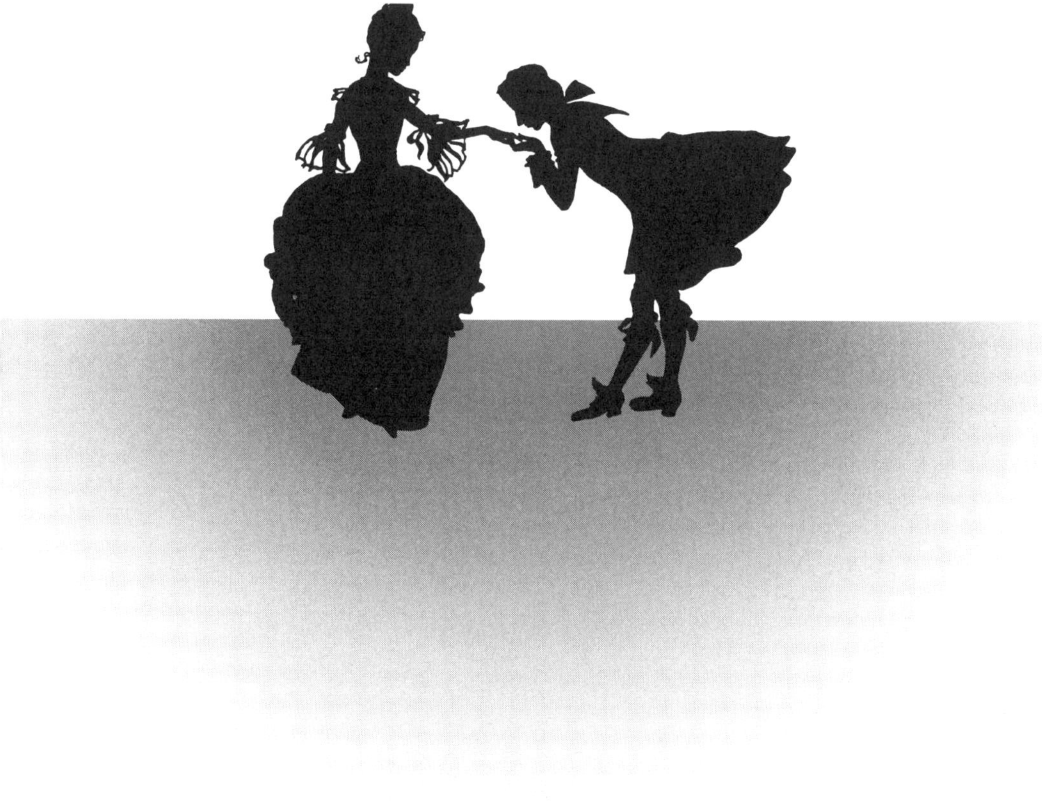

*Rosalinda quería a su limonero.*

# Bajo la luna de limón

*Edith Hope Fine*

Traducción de Eida de la Vega

Muy tarde en la noche, Rosalinda oyó ruidos: ¡Ris, ras, crac!

—¿Qué será ese ruido? —se preguntó, deslizándose fuera de la cama. Miró más allá del jardín de su mamá, del espantapájaros vestido con las ropas de su papá y más allá de las cuerdas de tender la ropa.

Algo se movía cerca del limonero.

Con el corazón en la boca, Rosalinda caminó despacio hasta la puerta. Blanca, su gallina, bajó revoloteando desde las vigas.

...

—Clo, clo, clo —cacareó Blanca.

—¡Shhh! —le indicó Rosalinda. La luna era una tajada de limón que apenas ofrecía una astilla de luz. Rosalinda esperó a que sus ojos se acostumbraran a la oscuridad.

Entonces vio que las ramas se movían en las sombras. Miró con atención hasta que distinguió a un hombre encorvado que metía limones en un saco. Los limones de su árbol.

Con Blanca bajo el brazo, Rosalinda se deslizó hacia la huerta y se ocultó detrás del espantapájaros.

—¿Quién es este Hombre de la Noche? ¿Por qué se lleva mis limones? —se preguntó.

—¡CLOOOCLOCLO! —cacareó Blanca y se posó sobre la cabeza del espantapájaros. Rosalinda comenzó a mover los brazos del espantapájaros.

—¡AYYY! —gritó el Hombre de la Noche. Recogió el saco y huyó.

A la mañana siguiente, Rosalinda acarició una rama rota de su limonero. No quedaba ni un solo limón en todo el árbol.

Una lágrima se deslizó por su mejilla.

—¡Ay! ¡Mi arbolito, mi arbolito! —se lamentó Rosalinda, mientras Blanca cacareaba.

Rosalinda quería a su limonero casi tanto como a Blanca.

—¿Por qué, Blanca? ¿Por qué lo hizo? —preguntó Rosalinda, agarrando un manojo de ramas.

*¿Por qué Rosalinda se mantiene oculta del Hombre de la Noche?*

...

Blanca encogió las plumas.

A finales de esa semana, muchas de las hojas del limonero se habían vuelto amarillas. Incluso, algunas se habían caído. Rosalinda estaba aún más angustiada: primero, el Hombre de la Noche y, ahora, su árbol estaba enfermo.

Después del desayuno, Rosalinda escuchó con atención el runrún del telar de su mamá.

—Tengo que hacer algo —les dijo a sus padres.

—Quizás algún conocido te pueda ayudar —sugirió la mamá, alisando el largo cabello de Rosalinda.

—Un vecino o un amigo. Quizás tu abuela —añadió el papá, abrazándola. Luego continuó con su trabajo.

Rosalinda decidió salir a la calle.

—Mi árbol está enfermo. ¿Qué debo hacer? —preguntó Rosalinda a su vecina Esmeralda.

—Yo les hablo a mis plantas —dijo Esmeralda, mientras atendía su frondoso jardín. Ya lo hice, pensó Rosalinda.

—Gracias —dijo en voz alta.

Se encontró con su amigo, el señor Rodolfo, un hombre de pocas palabras.

—Mi árbol está enfermo. ¿Qué debo hacer? —le preguntó.

—Mucha agua —respondió él, mientras se dirigía hacia el mercado cercano.

Ya lo hice, pensó Rosalinda. Recordó los pesados cubos de agua que había llevado hasta el árbol. —Gracias —dijo en voz alta.

Cuando Rosalinda llegó a casa de su abuela, la encontró sentada en el porche tomando el sol de la mañana. Rosalinda se acomodó cerca de ella, y observó cómo brillaban al sol sus agujas de tejer.

—¿Qué puedo hacer por mi árbol, Abuela?

—Pasará algún tiempo para que tu árbol se cure, m'ija —respondió la abuela—. Encenderé una vela.

Yo no he hecho eso, pensó Rosalinda. —Gracias, Abuela —dijo en voz alta.

La abuela le pasó su mano cálida por la frente, alejando así las preocupaciones de Rosalinda:

—La vela ayudará, Rosalinda —dijo suavemente—. Quizás convoque a la Anciana. Ella hace que la tierra dé frutos.

Todos habían oído hablar de la Anciana, de sus poderes para atraer la lluvia y hacer que las cosechas crecieran fuertes y abundantes.

—Abuela, cuéntame la historia de la Anciana otra vez —pidió Rosalinda.

—Durante muchos años de lunas llenas —comenzó la abuela—, se ha dicho que una anciana sabia de ojos bondadosos recorre los campos, para que la tierra dé frutos.

—¿Dondé puedo encontrarla? —preguntó Rosalinda.

—Nadie lo sabe, pero dicen que la Anciana viene cuando la necesitan.

*¿Por qué Rosalinda llama a la Anciana por medio del pensamiento en vez de encender una vela, como sugirió su abuela?*

Rosalinda la llamó con el pensamiento: Te necesito, Anciana. Por favor, ven.

Esperó todo el día y toda la noche, pero la Anciana no llegó.

—Regresa antes del atardecer —gritó su papá mientras Rosalinda y Blanca salían de la casa a la mañana siguiente. Rosalinda agitó el brazo en señal de despedida.

Caminó y caminó, buscando a la Anciana. Blanca la seguía, cacareando. Dondequiera que iban, Rosalinda llamaba:

—¡Anciana! ¡Anciana!

La Anciana no respondía.

—Quizás no exista —le dijo Rosalinda a Blanca.

—¿Clo, clo? —cacareó la gallina como si comprendiera.

Cuando el sol comenzó a ocultarse, Rosalinda le dijo a Blanca:

—Debemos volver a casa.

Atravesaron el mercado con los puestos llenos de colorido y el ajetreo de los compradores.

De pronto, Rosalinda se detuvo. Limones, decía un cartel en el último puesto. Detrás de un hombre, una mujer acunaba a un niño. Otros dos niños pequeños jugaban cerca con piedrecitas.

Rosalinda reconoció al hombre encorvado que vendía limones. Era el Hombre de la Noche y los limones eran los que había arrancado de su árbol.

Rosalinda se estremeció. Ella y Blanca se escondieron detrás de un puesto de marionetas.

—¡Es el Hombre de la Noche! ¡Con los limones de mi árbol! ¿Dónde... dónde estás, Anciana? —balbuceó Rosalinda, y acarició el suave plumaje de su temblorosa gallina.

—Aquí estoy —se escuchó una voz suave y dulce. Rosalinda dio un salto. Frente a ella, se hallaba una mujer con el cabello plateado, profundas arrugas, y ojos bondadosos.

Rosalinda la reconoció enseguida. No podía hablar de tan maravillada que estaba.

—Hace tiempo que me buscas, Rosalinda —dijo la mujer—. Dime qué deseas.

La mujer escuchó la historia de Rosalinda.

—Llevarse tus limones estuvo mal hecho —murmuró la Anciana—, pero tal vez él los necesitaba.

La Anciana sacó de su ancha manga una fuerte rama con brotes diminutos.

—Mira —dijo la Anciana— y recuerda. Esta noche habrá luna llena.

Rosalinda escuchó con el corazón y con la mente mientras la Anciana le explicaba cómo curar el limonero.

Esa noche, Rosalinda salió al huerto bajo la luna de limón. Cerró los ojos y pensó: Mira y recuerda.

Rosalinda rasgó un viejo trozo de tela en tiras. Juntó la rama que le había dado la Anciana al extremo de la rama rota del limonero. Encajaban con naturalidad, igual que un grueso limón en el hueco de la mano de Rosalinda.

⋯

Le dio vueltas y vueltas a la tela alrededor de las dos ramas hasta que se unieron como si fueran una sola. Los rayos de la luna caían sobre el árbol enfermo, haciendo que las hojas amarillas parecieran de plata.

Cansada, Rosalinda se acurrucó debajo del árbol y se quedó dormida.

Despertó sobresaltada cuando Blanca comenzó a cacarear. Rosalinda, sorprendida, se frotó los ojos. Su árbol resplandecía en la noche como si fuera de oro, cargado de limones tan grandes y redondos como lunas diminutas.

Con los brazos abiertos, Rosalinda bailó alrededor del resplandeciente limonero. Blanca la seguía, revoloteando.

Por la mañana, Rosalinda le dijo a Blanca:
—Ya sé qué hacer.

Apiló los gruesos limones amarillos en una carretilla de madera. Blanca se posó sobre la pirámide de limones y salieron juntas.

Sus amigos y vecinos la saludaban por el camino. Uno a uno, Rosalinda fue regalando los asombrosos limones.

—¡Qué grandes! Gracias —dijo Esmeralda.

—¡Hermosos! —dijo el señor Rodolfo.

—¡Qué jugosos! Gracias —dijo la abuela.

Cuando a Rosalinda sólo le quedaba un limón, se dirigió al último puesto del mercado.

Rosalinda miró fijamente al Hombre de la Noche y él a ella. Rosalinda tocó con su mano cálida la mano fría y áspera del hombre, y le dio se último limón.

—Lo siento —dijo el hombre, bajando la vista.

Cuando Rosalinda pudo hablar, le dijo:

*¿Por qué se miran fijamente Rosalinda y el Hombre de la Noche?*

—Siembra las semillas. Hazlo esta noche, mientras haya luna llena.

El hombre, sin poder responder, dirigió la vista a sus niños pequeños que jugaban en la plaza.

—Para ti y para ellos —dijo Rosalinda.
—Haré lo que me dices —respondió él.

Rosalinda sonrió. Blanca cacareó y se acomodó complacida en la carretilla para emprender el regreso a casa.

Rosalinda también estaba contenta. Su carretilla estaba vacía. Sólo Blanca iba en ella, pero el corazón de Rosalinda estaba tan lleno como una luna de limón.

*Vio de pronto un bonito globo rojo.*

# El globo rojo

*Albert Lamorisse*

Traducción de Osvaldo Blanco

Había una vez un niño que vivía en París y se llamaba Pascal. Este niño no tenía hermanos ni hermanas, y se sentía muy solo y triste en casa.

En una ocasión llevó a casa un gato perdido, y poco tiempo después un perrito callejero. Pero su madre dijo que los animales traían suciedad a la casa, de modo que Pascal pronto estuvo solo otra vez en los cuartos que su madre mantenía bien cuidados y limpios.

Entonces un día, camino a la escuela, vio de pronto un bonito globo rojo, atado a un farol de la calle. Dejando en el suelo su maletín escolar, Pascal trepó por el poste del alumbrado, desató el globo, y corrió luego con él a la parada del autobús.

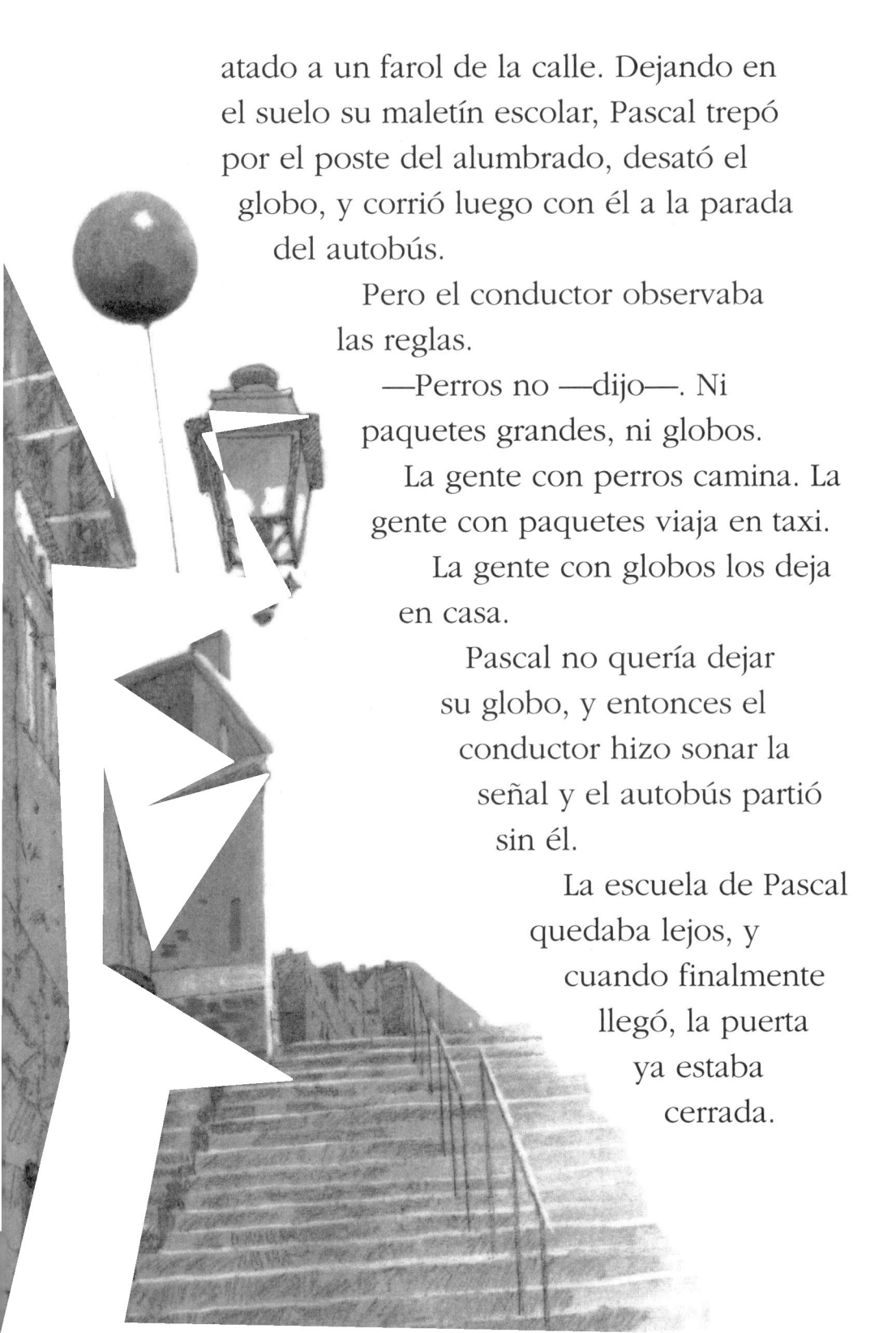

Pero el conductor observaba las reglas.

—Perros no —dijo—. Ni paquetes grandes, ni globos.

La gente con perros camina. La gente con paquetes viaja en taxi.

La gente con globos los deja en casa.

Pascal no quería dejar su globo, y entonces el conductor hizo sonar la señal y el autobús partió sin él.

La escuela de Pascal quedaba lejos, y cuando finalmente llegó, la puerta ya estaba cerrada.

Llegar tarde a la escuela y con un globo… ¡era una cosa nada común! Pascal estaba muy preocupado.

Entonces se le ocurrió una idea. Dejó su globo con el portero, quien se hallaba barriendo el patio. Y como era la primera vez que llegaba tarde, no fue castigado.

Después de las clases, el portero, que había guardado el globo en la portería para Pascal, se lo devolvió.

Pero había empezado a llover. Y Pascal tuvo que regresar caminando a casa debido a esos tontos reglamentos acerca de no llevar globos en un autobús. Pero pensó que su globo no debía mojarse.

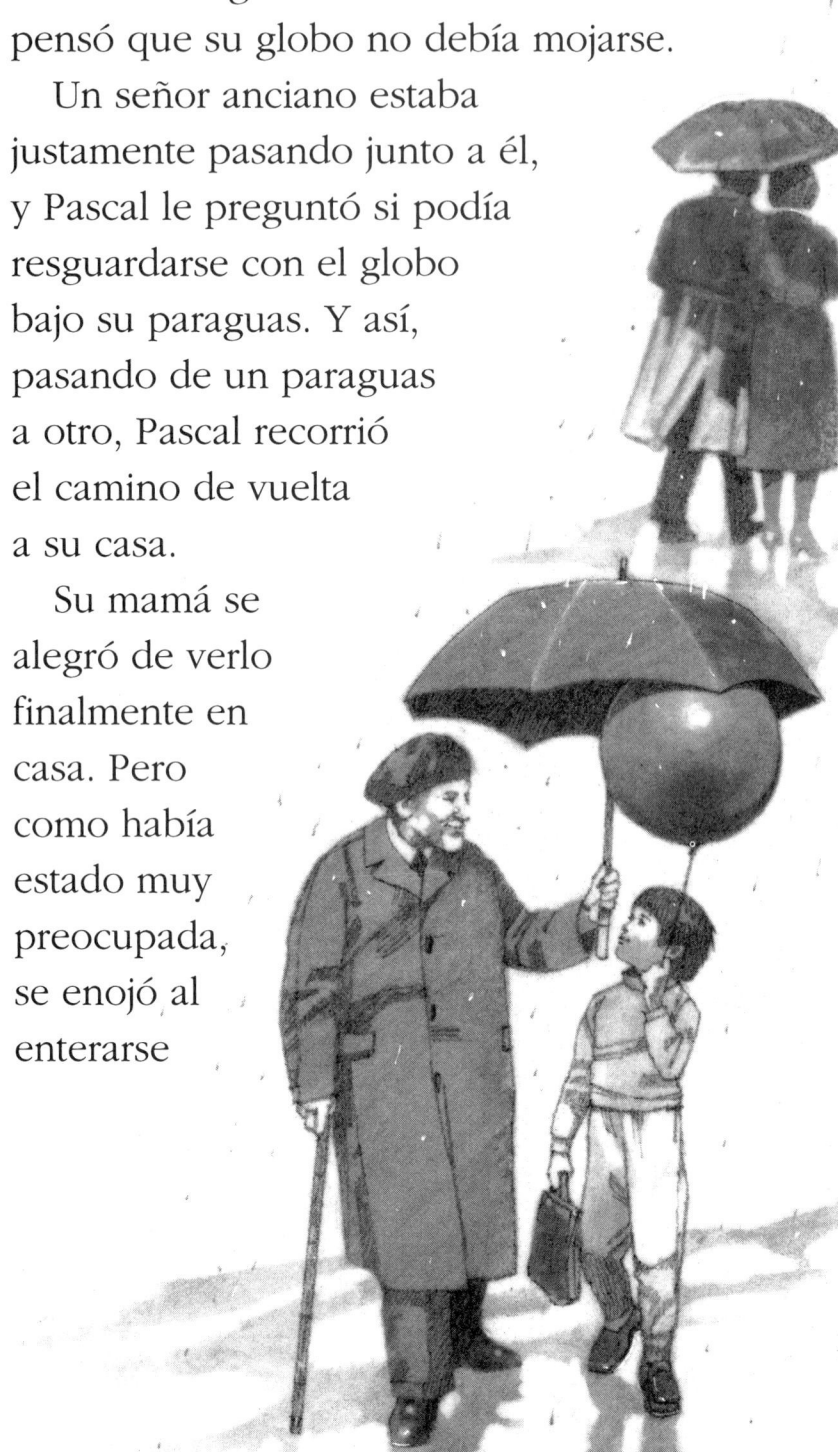

Un señor anciano estaba justamente pasando junto a él, y Pascal le preguntó si podía resguardarse con el globo bajo su paraguas. Y así, pasando de un paraguas a otro, Pascal recorrió el camino de vuelta a su casa.

Su mamá se alegró de verlo finalmente en casa. Pero como había estado muy preocupada, se enojó al enterarse

*¿Por qué le preocupa tanto a Pascal que su globo se moje?*

de que era
por culpa de
un globo que
Pascal llegaba
tarde. Tomó el globo,
abrió la ventana, y lo
lanzó afuera.

Ahora bien, cuando uno suelta un globo, por lo general se escapa. Pero el globo de Pascal se quedó fuera de la ventana, y los dos quedaron mirándose a través del cristal. Pascal se sorprendió de que el globo no hubiera salido volando, pero en realidad no le sorprendía mucho. Los amigos hacen por uno toda clase de cosas. Si el amigo resulta ser un globo, no se escapa volando. De modo que Pascal abrió silenciosamente la ventana, metió al globo adentro, y lo escondió en su cuarto.

Al día siguiente, antes de partir para la escuela, Pascal abrió la ventana para dejar salir a su globo y le dijo que viniera a él cuando lo llamara.

Luego recogió su maletín escolar, le dio un beso de despedida a su mamá, y bajó la escalera.

Al llegar a la calle, llamó:

—¡Globo! ¡Globo! —y el globo bajó volando a él.

Entonces empezó a seguir a Pascal, sin ser conducido por un cordel, lo mismo que si fuera un perro siguiendo a su amo. Pero, igual que un perro, no siempre hacía lo que le mandaban.

Cuando Pascal trató de agarrarlo para cruzar la calle, el globo voló fuera de su alcance.

Pascal decidió fingir que no le importaba. Caminó calle arriba como si el globo no existiera y se escondió detrás de la esquina de una casa. El globo, preocupado, se dio prisa para alcanzarlo.

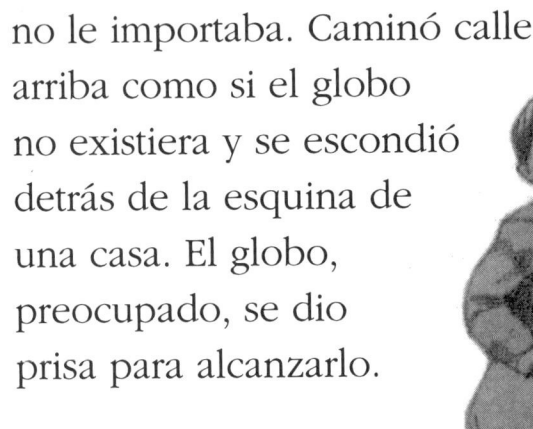

Cuando estuvieron en la parada del autobús, Pascal le dijo al globo:

—Ahora, globo, tendrás que seguirme. ¡No pierdas de vista el autobús!

Así fue como llegó a verse el espectáculo más extraño en una calle de París… un globo que volaba siguiendo a un autobús.

Cuando llegaron a la escuela de Pascal, el globo trató otra vez de no dejarse agarrar. Pero ya estaba sonando la campana e iban a cerrar la puerta, por lo que Pascal tuvo que apresurarse a entrar solo. Se quedó muy preocupado.

Pero el globo voló sobre el muro de la escuela y se puso en fila detrás de los niños. La maestra se sorprendió mucho de ver a ese extraño alumno nuevo, y cuando el globo trató de entrar con ellos al aula, los niños hicieron tanto ruido que el director vino a ver qué pasaba.

*¿Por qué quiere el globo seguir a los niños al aula?*

El director trató de agarrar el globo para sacarlo por la puerta. Pero no pudo. Entonces tomó a Pascal de la mano y lo hizo salir marchando de la escuela. El globo salió del aula y los siguió.

El director tenía que ocuparse de asuntos urgentes en la municipalidad y no sabía qué hacer con Pascal y su globo. Por tanto, encerró al niño en su oficina y se dijo a sí mismo que el globo podía quedarse en la puerta.

Pero esa no era, de ningún modo, la intención del globo. En cuanto vio que el director se metía la llave en el bolsillo, voló lentamente detrás de él mientras caminaba calle abajo.

Todo el mundo conocía muy bien al director, y quienes lo veían pasar seguido por un globo sacudían la cabeza diciéndose:

—El director está gastando una broma. Eso no está bien; el director de una escuela tendría que actuar más dignamente; no debería jugar como uno de los niños de su escuela.

El pobre hombre hizo todo lo posible
por agarrar al globo, pero no pudo, así que
no le quedó más remedio que resignarse.
En la puerta de la municipalidad, el globo
se detuvo. Esperó al director en la calle, y
cuando éste regresó a la escuela, el globo
estaba todavía detrás de él.

El director se alegró infinitamente de dejar
salir a Pascal de su oficina y deshacerse
de él y de su globo.

En el camino a su casa Pascal se detuvo
a mirar un cuadro en una exposición que
había en la acera. El cuadro mostraba a
una niña con un aro, y Pascal pensó qué
bueno sería tener una amiga como esa niña.

Pero justo en ese momento encontró a una niña de verdad, que se parecía exactamente a la del cuadro. Llevaba puesto un bonito vestido blanco, y tenía en la mano el cordel… ¡de un globo azul!

Pascal quiso asegurarse de que ella notara que el globo de él era mágico. Pero su globo no se dejaba agarrar, y la niña comenzó a reírse.

Pascal se enojó.

—¿De qué sirve tener un globo entrenado si no hace lo que uno desea? —se dijo a sí mismo.

En ese preciso momento, aparecieron varios chicos bravucones del barrio y trataron de agarrar el globo que iba siguiendo a Pascal. Pero el globo, dándose cuenta del peligro, voló inmediatamente a él.

Pascal lo agarró y empezó a correr, pero vinieron otros chicos y lo acorralaron por el otro lado.

Entonces Pascal soltó el globo y éste en seguida se remontó hacia el cielo.

...

Mientras todos los chicos miraban para arriba, Pascal subió corriendo entre ellos a lo alto de la escalera. Desde allí llamó al globo, que vino rápidamente a él… para gran sorpresa de los chicos de la banda.

Y así, Pascal y su globo llegaron a casa sin ser alcanzados.

Al otro día era domingo. Antes de salir para la iglesia, Pascal le dijo al globo que se quedara tranquilo en casa, que no rompiera nada, y especialmente que no saliera. Pero el globo hizo exactamente lo que le dio la gana.

Pascal y su mamá acababan apenas de sentarse en la iglesia, cuando apareció el globo y se quedó flotando calmosamente en el aire, detrás de ellos.

Ahora bien, la iglesia no es lugar para un globo. Todo el mundo lo estaba mirando y nadie prestaba atención al oficio religioso. Pascal tuvo que salir apresuradamente, seguido por el guardia de la iglesia. Su globo ciertamente no tenía la menor noción de la conducta apropiada. ¡Y esto preocupaba mucho a Pascal!

De tanto preocuparse le dio hambre. Y como aún conservaba su moneda para la bandeja de donativos, se dirigió a una panadería para comprar un pastel. Pero antes de entrar le dijo al globo:

—Bueno, ahora pórtate bien y espérame. No te vayas.

El globo se portó bien, y no se alejó más que hasta la esquina de la panadería para calentarse al sol. Pero eso fue ya alejarse demasiado, porque lo vieron los

*¿Por qué le causa tantos problemas a Pascal quedarse con el globo?*

chicos que el día antes habían tratado de agarrarlo, y pensaron que era una buena oportunidad para intentarlo otra vez. Sin ser vistos, se acercaron sigilosamente al globo, saltaron sobre él, y se lo llevaron.

Cuando Pascal salió de la panadería, ¡el globo había desaparecido! Corrió en todas direcciones, mirando al cielo. ¡El globo le había desobedecido otra vez! ¡Se había marchado solo! Y a pesar de llamarlo a gritos, el globo no regresaba.

La banda de chicos lo había atado a un cordel fuerte y estaban tratando de enseñarle trucos.

—Podríamos presentar este globo mágico en un circo —dijo uno de ellos. Amenazó al globo con un palo, gritándole:

—Ven aquí, o te reviento.

Quiso la suerte que Pascal viera al globo por encima de un muro, tirando desesperadamente del extremo de su grueso cordel. Pascal lo llamó.

Tan pronto como oyó su voz, el globo voló hacia él. Pascal le desató enseguida el cordel y echó a correr a toda prisa con su globo.

...

Los chicos corrieron tras ellos. Hacían tanta bulla que toda la gente del barrio se detenía a mirar la persecución. Parecía como si Pascal les hubiera robado el globo a los chicos. Me ocultaré entre la gente, pensó Pascal. Pero un globo rojo se puede ver en todas partes, aun entre un gentío.

Pascal corrió por callejones angostos, tratando de deshacerse de la banda de chicos.

En una ocasión los perseguidores no supieron si Pascal había doblado a la derecha o a la izquierda, y entonces se dividieron en varios grupos. Por un momento, Pascal pensó que se había escapado de ellos, y miró a su alrededor buscando un sitio para descansar. Pero a la vuelta de una esquina se topó con uno de la banda. Volvió corriendo por donde había venido, pero había otros chicos allí ahora. Estaba desesperado… Se lanzó por una calle lateral que llevaba a un solar baldío. Creyó que estaría a salvo ahí.

Pero repentinamente aparecieron chicos por todas partes, y Pascal se encontró rodeado.

Entonces soltó el globo. Pero esta vez, en lugar de perseguir al globo, la banda atacó a Pascal. El globo se alejó volando una corta distancia, pero regresó al ver a Pascal en una pelea. Los chicos empezaron a tirarle piedras al globo.

—¡Escápate, globo! ¡Vuela lejos de aquí! —gritó Pascal.

Pero el globo no quería abandonar a su amigo.

En ese momento una de las piedras le dio al globo y éste se reventó.

Mientras Pascal lloraba junto a su globo muerto, ¡sucedió la cosa más extraña!

En todas partes podían verse globos flotando en el aire y poniéndose en fila allá en el cielo.

¡Era la rebelión de los globos cautivos!

Y todos los globos de París descendieron hasta donde estaba Pascal, danzaron alrededor de él, retorcieron sus cordeles hasta formar uno grueso y fuerte, y lo levantaron al cielo. Y así fue como Pascal inició un viaje maravilloso por el mundo entero.

*Una mañana un hombre ensilló su burro y salió.*

# El burrito y la tuna

*Cuento folklórico guajiro
en versión de Ramón Paz Ipuana*

Una mañana un hombre ensilló su burro y salió de Río Hacha rumbo a la Guajira adentro.

El camino era largo. Andando, andando, descansando un rato aquí y otro allá, pasaron cuatro días.

A la cuarta noche el hombre se bajó de su burro y colgó su chinchorro para descansar.

De repente, en el fondo de la noche, se oyó el silbido espeluznante de un Wanuluu que le seguía los pasos.

Lleno de miedo, el hombre brincó de su chinchorro y se escondió detrás de un olivo.

El burrito no oyó al Wanuluu y siguió tranquilo masticando el fruto de unos cujíes.

La segunda vez el silbido sonó más cercano…

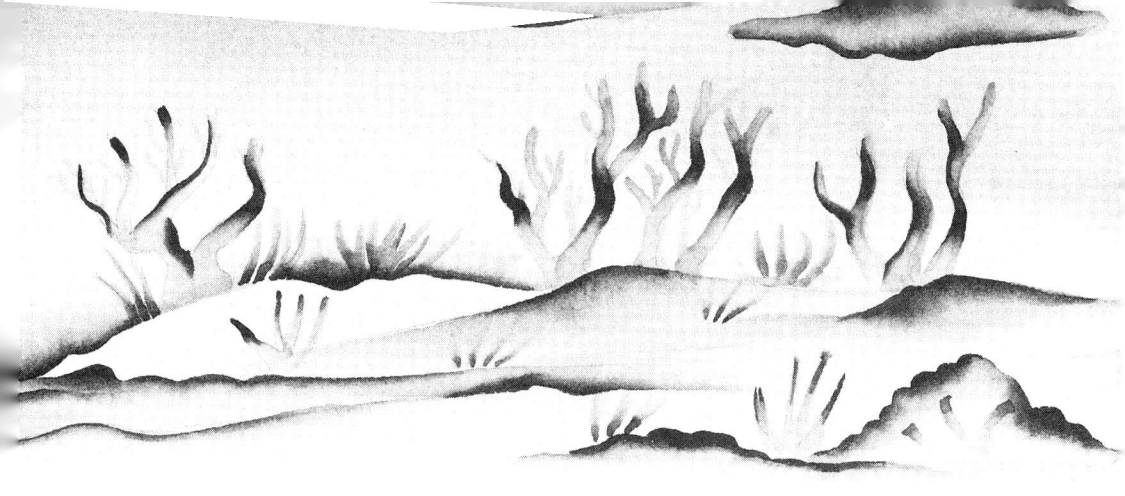

El burrito paró las orejas.

El hombre se acurrucó lo más que pudo detrás del tronco olivo y vio... a la luz de la luna, un jinete sin cara.

Llevaba plumas blancas en la cabeza y cabalgaba sobre un caballo de sombras.

El jinete desmontó y se acercó al burro.

—¿Dónde está tu compañero? —preguntó.

—No tengo compañero —dijo el burro—. Estoy solo.

—¿Y eso que parece una baticola?

—Es mi cinturón de borlas.

—¿Y eso que parecen frenos?

—Son collares de cascabeles.

El Wanuluu respiró profundo. —¿Y eso que huele a sol y a sudor humano, qué es?

—Mi ración de fororo con panela.

⋯

Pero el Wanuluu no se convenció y volvió a insistir con una vocezota:

—¿DÓNDE ESTÁ TU COMPAÑERO?

—He dicho que no tengo compañero —contestó el burro.

—¡SI NO ME DICES LA VERDAD TE MATARÉ! —dijo Wanuluu.

Tomó su puñal de hueso y acercó al olivo donde se escondía el hombre.

El burrito, empeñado en salvar a su amo, se volteó y le dio una tremenda patada que lo lanzó contra unas piedras.

Pero Wanuluu se levantó como si no hubiera sentido nada.

—¡Caramba! —dijo en un susurro—. ¿Por qué me pateas? No debiste hacerlo.

Y lo amenazó con su puñal de hueso.

*¿Por qué el burrito no le dice nada sobre su amo a Wanuluu a pesar de que Wanuluu amenaza con matarlo?*

Comenzó entonces una lucha violenta entre Wanuluu y el burrito. Wanuluu hacía silbar el puñal y el burrito saltaba y daba patadas.

Pero Wanuluu parecía no cansarse.

Daba un golpe. Y otro golpe.

El hombre miraba desde su escondite, callado, casi sin respirar.

No pensó en salir a defender a su burro.

Cuando el burrito ya no podía más, Wanuluu lo dejó en el suelo, montó su caballo, y desapareció sin dejar huellas.

Entonces el hombre salió de su escondite.

—Mira, pues —dijo al burrito—. Yo no sabía que hablabas como nosotros—. Y nada más. Ni siquiera le dio las gracias por haberle salvado la vida.

Trató de montarlo y seguir su camino. Pero el burro estaba tan herido que ya no podía caminar.

Entonces el hombre se fue solo y dejó al burrito tendido en el camino.

Cuando llegó a la casa de su familia contó su gran aventura. Pero no habló del burrito.

—¡Fui yo! —dijo—. Fui yo quien venció a Wanuluu.

Y todos creyeron que era un hombre de gran poder, que era un intocable.

Mientras tanto, atrás en el camino, el burrito herido murió. Y en el lugar donde cayó, nació una mata de cardón.

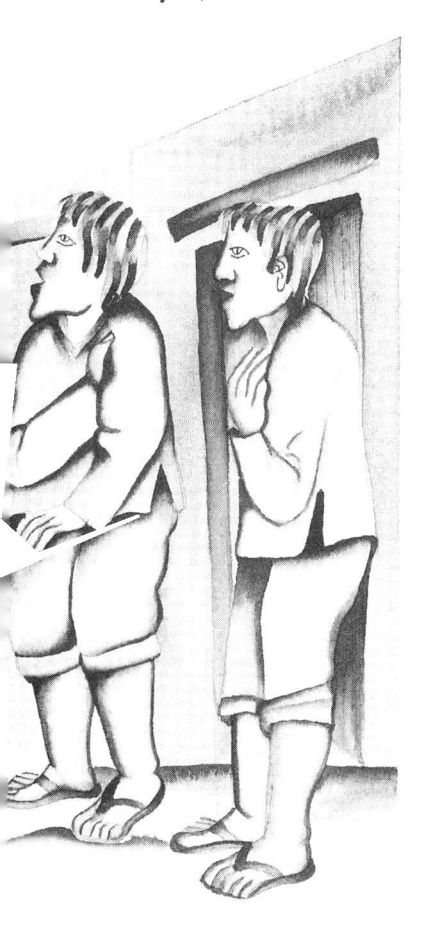

En sus tallos las avispas *matajey* fabricaron un panal de rica miel. El cardón se llenó de frutos rojos y maduros que los pájaros nunca picotearon y el sol nunca resecó.

Un día llegó para el hombre el momento de volver a Río Hacha.

*¿Por qué el burrito se queda callado después de luchar con Wanuluu, cuando su amo lo abandona?*

*¿Por qué el hombre busca al burrito cuando pasa por el mismo lugar donde lo abandonó?*

Emprendió su camino y pasó por el mismo lugar donde antes había abandonado al burrito.

Estaba cansado y sediento y se acordó de su burro.

Miró aquí y allá, buscó y no lo encontró.

Pero sí vio un cardón lleno de bellos frutos rojos.

—¡Mmmm! —dijo el hombre—. ¡Estos frutos se ven sabrosos!

Arrancó varios y se los comió. De pronto, entre los rojos frutos descubrió un panal de *matajey*.

Lo arrancó y comenzó a lamerlo.

La miel goteaba por sus manos. Y así, lame que lame… su cara se fue poniendo verdosa. Sus orejas crecieron y brotaron hermosos frutos. Se llenó de espinas y flores amarillas…

El hombre se convirtió en tuna silvestre, llamada *Jumache'e*.

Y allí se quedó para siempre, al lado del burrito a quien había abandonado.

Desde entonces en toda la Guajira, la tuna con sus espinas crece al lado del cardón con sus dulces frutos.

Y en el tiempo de lluvia las flores amarillas de la tuna y los frutos rojos del cardón alegran al viajero cansado.

—*Todo aquel que vea la manzana la deseará.*

# La manzana
# de la satisfacción

*Howard Pyle*

*Traducción de Osvaldo Blanco*

Érase una vez una mujer que tenía tres
hijas. La mayor de ellas era bizca de ambos
ojos, pero la madre igualmente la amaba,
pues ella misma era bizca de los dos ojos.
La segunda hija tenía un hombro más
alto que el otro y sus cejas eran negras
como hollín de chimenea; sin embargo, la
mujer la amaba tanto como a la otra hija,
pues ella también tenía las cejas negras
y un hombro más alto que el otro.

La hija más joven era linda como una manzana madura, tenía el cabello suave como la seda y dorado como el oro, pero la mujer no la quería nada, porque, como ya dije, ella misma no era bonita ni tenía el cabello dorado. Por qué las cosas eran así, ni siquiera Hans Pfifendrummel podría explicarlo, a pesar de todos los libros que ha leído.

Las dos hermanas mayores vestían todos los días sus ropas de domingo y se sentaban al sol sin hacer nada, como si fueran aristócratas de nacimiento.

En cuanto a Cristina —que así se llamaba la más joven—, ella vestía solamente ropas harapientas, y tenía que llevar los gansos al monte por la mañana y traerlos al atardecer, para que pudieran alimentarse todo el día de hierba tierna y engordar.

Las dos hermanas mayores comían pan blanco (con mantequilla, además) y tanta leche fresca como desearan tomar, pero Cristina tenía que comer mondaduras de queso y cortezas de pan, y apenas las suficientes para no ser atormentada por el hambre. ¡Así eran las cosas en aquella casa!

Bueno, una mañana Cristina salió para el monte con su bandada de gansos, ocupando las manos en su tejido para aprovechar el tiempo. De ese modo anduvo por el camino polvoriento hasta que, al poco rato, llegó a un lugar donde había un puente que cruzaba el arroyo. Y allí vio, colgando de una rama de un aliso, nada menos que un gorrito rojo terminado en punta, de la que pendía una campanita de plata. Era un gorrito rojo tan precioso que Cristina pensó en llevárselo a casa, pues nunca en su vida había visto nada parecido.

De manera que se lo puso en el bolsillo y continuó andando con sus gansos. Pero apenas había dado dos veintenas de pasos cuando oyó una voz que la llamaba:

—¡Cristina! ¡Cristina!

Se volvió para mirar, y lo que vio fue un extraño hombrecillo gris, con una cabezota como un repollo y unas piernas pequeñitas, delgadas como espárragos.

—¿Qué quieres? —preguntó Cristina, cuando el hombrecillo se acercó adonde estaba ella.

Oh, el hombrecillo sólo deseaba que le devolviera su gorro, porque sin él no podría regresar a su casa en la montaña, que era donde él vivía. Pero, ¿cómo había ido a parar el gorrito a la rama donde

Cristina lo halló colgado? Ella quería saber eso antes de devolverlo.

Bueno, el hombrecillo montañés estaba pescando más arriba en el arroyo cuando una ráfaga de viento le hizo volar el gorro al agua, y entonces él lo colgó para que se secara. Eso era todo. Y ahora, ¿quisiera Cristina hacer el favor de dárselo?

Cristina no sabía qué hacer. Tal vez se lo daría, tal vez no. Se trataba de un gorrito muy lindo... La cuestión era, ¿qué le daría a cambio el enanito del interior de la tierra?

Oh, él le daría gustosamente cinco monedas.

No, cinco monedas no eran suficientes por un gorrito tan lindo... que además tenía colgando una campanita de plata.

Bueno, el hombrecillo no quería regatear; le daría entonces cien monedas por él.

Pero a Cristina no le interesaba el dinero. ¿Qué otra cosa podía ofrecer el hombrecillo por ese adorable gorrito?

—Mira, Cristina —dijo el hombrecillo—, te daré esto a cambio del gorro.

Y le mostró algo que tenía en la mano, parecido a un frijol, sólo que era negro como un trozo de carbón.

—Está bien, pero ¿qué es? —dijo Cristina.

—Esto —dijo el hombrecillo— es una semilla de la manzana de la satisfacción. Plántala, y de ella brotará un árbol, y del árbol una manzana. Todo aquel que vea la manzana la deseará, pero nadie podrá arrancarla, excepto tú. Te dará de comer y beber cuando tengas hambre, y ropas abrigadas para cubrirte cuando sientas frío. Además, tan pronto como la arranques del árbol, otra exactamente igual brotará en su lugar. Bueno, ¿me das ahora mi gorro?

Oh, sí, Cristina le daría encantada el gorro por una semilla como ésa. Entonces el hombrecillo le entregó la semilla, y Cristina le dio el gorro. Él se lo puso en la cabeza y... *¡ZAS!*... desapareció de la vista, tan rápido como la llama de una vela cuando uno sopla para apagarla.

Así que Cristina se llevó la semilla a casa y la plantó frente a la ventana de su cuarto. A la mañana siguiente, al mirar por la ventana vio que había allí un árbol hermoso, y del árbol colgaba una manzana que brillaba al sol como si fuera de oro puro. Entonces salió y arrancó la manzana del árbol con la misma facilidad que se arranca una grosella, y tan pronto como lo hizo brotó otra manzana en su lugar. Como tenía hambre, se la comió, y le pareció que nunca había probado algo tan delicioso, pues sabía a panqueque con leche y miel.

Al rato salió de la casa la mayor de sus hermanas, miró a su alrededor y, al ver aquel hermoso árbol con la manzana dorada que pendía de él, se quedó muda contemplándolo.

Luego empezó a desear la manzana cada vez más, como nunca había deseado otra cosa en su vida.

—Simplemente, la arrancaré —dijo—, y nadie se dará cuenta de nada.

Pero del dicho al hecho hay mucho trecho. La joven extendió la mano, estirándose, pero fue como si tratara de alcanzar la luna. Trepó al árbol, y trepó más alto, pero fue como trepar para alcanzar el sol… La luna y el sol habrían sido igualmente tan difíciles de conseguir como aquello que deseaba. Finalmente, tuvo que darse por vencida, lo cual no ayudó nada, puedo asegurarles, a quitarle el mal humor.

Después de un rato vino la segunda hermana, y cuando vio la manzana dorada la deseó tanto como la había deseado la otra hermana. Pero desear y conseguir son cosas muy distintas, como no tardó en comprobar, ya que no fue más hábil que su hermana para alcanzar la manzana.

Por último vino la madre, y ella también se esforzó por arrancar la manzana. Pero fue inútil. Ella no tuvo más suerte que las hijas en sus esfuerzos. Todo lo que pudieron hacer las tres mujeres fue quedarse paradas bajo el árbol, mirando la manzana, y deseándola y deseándola sin cesar.

Ellas no son las únicas personas que han tenido una experiencia similar, con la manzana de la satisfacción pendiente justo encima de ellas.

En cuanto a Cristina, ésta no tenía más que arrancar la manzana cada vez que la deseara. ¿Sentía hambre? Allí estaba la manzana, colgando del árbol para ella. ¿Tenía sed? Allí la esperaba la manzana. ¿Frío? Allí seguía la manzana. De modo que, ya ven ustedes, Cristina era la muchacha más feliz entre las siete colinas que se alzan en los confines de la tierra, pues nadie en el mundo puede tener nada mejor que la satisfacción, y eso era lo que la manzana le había traído.

*¿Por qué la manzana de la satisfacción le da a Cristina justo lo que necesita y nada más?*

Un día pasó el rey con todo su séquito cabalgando por el camino. El rey levantó la vista, vio la manzana que colgaba del árbol, y le acometió un gran deseo de probarla.

Entonces llamó a uno de sus criados y lo mandó a preguntar si podían venderle la manzana por una vasija llena de oro.

De manera que el criado se dirigió a la casa y golpeó a la puerta: ¡pum! ¡pum! ¡pum!

—¿Qué deseas? —preguntó la madre de las tres hermanas, saliendo a la puerta.

Oh, nada demasiado importante, solamente el rey, que está ahí afuera en el camino y quisiera saber si ella le vendería esa manzana del huerto por una vasija llena de oro.

Sí, la mujer le vendería la manzana. Sólo tenía él que darle la vasija con el oro y podía ir a arrancarla, ¡y buen provecho!

Entonces el criado le entregó la vasija llena de oro, y luego trató de arrancar la manzana. Primero extendió la mano, después trepó para alcanzarla, y finalmente sacudió la rama.

Pero de nada sirvieron sus intentos. No pudo conseguir la manzana, como tampoco la habría conseguido... bueno, ni yo mismo, de haber estado en su lugar.

Por último, el criado tuvo que volver donde el rey. La manzana estaba allí, le dijo, y la mujer se la había vendido, pero por más que trató de arrancarla resultó tan imposible como arrancar las estrellas del cielo.

Seguidamente, el rey le ordenó a su mayordomo que fuera a arrancársela. Pero el mayordomo, a pesar de que era un hombre alto y fuerte, sufrió la misma suerte que el criado cuando quiso arrancar la manzana.

De modo que tuvo que volver al rey con las manos vacías; no, él tampoco había podido arrancarla.

Entonces el rey mismo fue. Él sabía que podía arrancarla... ¡claro que podía! Bueno, él trató, y volvió a tratar, pero todo cuanto hizo fue en vano, y al final tuvo que marcharse en su caballo sin haberle tomado siquiera el olor a aquella manzana.

De regreso en su palacio, el rey no hizo otra cosa que hablar, soñar, y pensar acerca de la manzana, pues cuanto más imposible se le hacía conseguir algo, tanto más lo deseaba... Así es como somos los seres humanos. Empezó a ponerse melancólico y enfermizo de tanto desear lo que no podía conseguir. Un día mandó a buscar a un hombre que era tan sabio que tenía más en su cabeza que diez hombres juntos. Este hombre sabio le dijo al rey que la única persona que podía arrancar para él la fruta de la satisfacción era la dueña misma del árbol. Esa persona era una de las hijas de la mujer que le había vendido la manzana por una vasija colmada de oro.

El rey se puso muy contento al oír aquello. Ordenó que ensillaran su caballo y partió con su séquito en dirección a la casita donde vivía Cristina. Al llegar, encontraron a la madre y las hermanas mayores, pero Cristina estaba en el monte con sus gansos.

Quitándose el sombrero, el rey saludó con una reverencia. Contó lo que el hombre sabio le había dicho en el palacio, y entonces quería saber a quién de las hijas pertenecía el manzano.

—Ah, la mayor de mis hijas es la dueña del árbol —dijo la mujer.

¡Muy bien! Entonces, si la hija mayor le conseguía la manzana, él la llevaría al palacio, se casaría con ella, y la proclamaría reina. Pero tendría que conseguirle la manzana sin demora.

¡Ah, no! Eso no podía ser. ¿Treparse la muchacha al manzano delante del rey y de todos sus cortesanos? ¡No, no, no! Que se volviera el rey a su palacio, y la muchacha le llevaría oportunamente la manzana.
Así le habló la mujer.

Bueno, el rey aceptaría eso, pero la joven debía darse prisa, porque él deseaba mucho aquella manzana.

⋯

Tan pronto como el rey se marchó, la mujer y sus hijas enviaron a buscar al monte a la muchacha de los gansos. Entonces le dijeron que el rey deseaba aquella manzana y que ella tenía que arrancarla para que su hermana se la llevara. Si no hacía lo que le mandaban la arrojarían al pozo. De modo que Cristina tuvo que arrancar la fruta, y enseguida la hermana mayor la envolvió en una servilleta y partió muy contenta para el palacio del rey. ¡Pum! ¡pum! ¡pum!, llamó a la puerta. ¿Había traído la manzana para el rey?

Oh, sí, la había traído. Ahí estaba, bien envuelta en una fina servilleta.

En cuanto oyeron eso, no la hicieron esperar ni un momento, les aseguro. Tan pronto como estuvo en presencia del rey, la muchacha abrió la servilleta. Y a ustedes les costará creerlo, pero yo les digo que lo único que había en esa servilleta era una piedra redonda y dura. Cuando el rey vio que era sólo una piedra, se puso tan

*¿Por qué la manzana de la satisfacción se convierte en una piedra cuando la hermana mayor se la da al rey?*
ৡ

furioso que dio patadas en el suelo como un conejo, y ordenó que sacaran a la muchacha del palacio. Por tanto, la sacaron y ella regresó a casa con las orejas gachas, puedo asegurarles.

Más tarde el rey envió a su mayordomo a la casa donde vivían Cristina y sus hermanas.

El mayordomo le dijo a la mujer que había venido a averiguar si tenía ella otras hijas.

La mujer le respondió que sí, que tenía otra hija, y a decir verdad era ella la dueña del árbol. El mayordomo podía volver al palacio y la muchacha le llevaría la manzana un poco más tarde.

Tan pronto como se fue el mayordomo, la madre y la hermana mayor enviaron a alguien otra vez al monte en busca de Cristina. Le dijeron a ésta que tenía que arrancar la manzana para que la segunda hermana se la llevara al rey. Si no lo hacía, la arrojarían al pozo.

De manera que Cristina tuvo que arrancar la manzana y dársela a su segunda hermana, quien luego de envolverla en una servilleta se dirigió al palacio del rey. Pero no le fue mejor que a la otra, porque cuando abrió la servilleta no había en ella más que una bola de barro. Así que la mandaron de vuelta a casa enjugándose las lágrimas con su delantal.

Poco tiempo después se presentó otra vez en la casa el mayordomo. ¿No tenía la mujer otras hijas, además de aquellas dos?

Bueno, sí, había una, pero era sólo una pobre andrajosa sin importancia, que no servía para nada en el mundo salvo cuidar de los gansos.

¿Y dónde estaba ella?

Oh, estaba allá arriba en el monte, cuidando de su bandada.

Pero, ¿no podría verla el mayordomo?

Sí, podía verla, pero no era más que una pobre simplona.

Aun así, el mayordomo desearía verla, pues para eso lo había enviado el rey.

De modo que no hubo más remedio que enviar a buscar a Cristina al monte.

Al rato llegó ella y el mayordomo le pidió si podría arrancar aquella manzana para el rey.

Sí, Cristina podía hacer eso con toda facilidad. Entonces estiró la mano y tomó la manzana como si hubiera sido simplemente una grosella en su arbusto. Ante eso, el mayordomo se quitó el sombrero y le hizo una profunda reverencia, a pesar de estar vestida tan pobremente, pues comprendió que era la muchacha que habían estado buscando todo ese tiempo.

Entonces Cristina se puso la manzana en el bolsillo y, seguidamente, ella y el mayordomo emprendieron juntos el camino hacia el palacio del rey.

Cuando llegaron, todos empezaron a reírse disimuladamente, cubriéndose la cara con las manos, al ver a la guardagansos harapienta que había traído el mayordomo. Pero éste no hizo el menor caso.

—¿Has traído la manzana? —preguntó el rey en cuanto llevaron a Cristina a su presencia.

—Sí, aquí está —respondió la muchacha, sacándola del bolsillo y ofreciéndosela.

Entonces el rey le dio a la manzana un gran mordisco, y se quedó luego mirando a Cristina como si nunca hubiera visto una joven tan bonita. En cuanto a sus harapos, no le merecieron más atención que las motitas de una cereza. Eso fue así porque había probado la manzana de la satisfacción.

¿Y entonces se casaron? ¡Por supuesto que se casaron! Fue una boda magnífica, les aseguro. Es una lástima que no estuvieran ustedes ahí, pero sí estuvieron la madre y las hermanas de Cristina, quienes bailaron con los demás, aunque yo creo que habrían preferido bailar sobre ascuas.

—No importa —dijeron ellas—. Todavía tenemos la manzana de la satisfacción en casa, aunque no podamos probarla.

Pero no tuvieron nada de eso. A la mañana siguiente, el manzano se alzaba frente a la ventana de la joven reina Cristina, igual que antes frente a su vieja vivienda, porque le pertenecía a ella y a nadie más en el mundo entero. Y fue una

*¿Por qué la madre y las hermanas de Cristina están contentas cuando piensan que el manzano se quedará en la casa a pesar de que ellas no podrán arrancar la manzana de la satisfacción?*

suerte para el rey, porque él necesitaba, como todos los demás, probar la manzana de vez en cuando, y nadie más que Cristina podía arrancarla del árbol.

Bueno, aquí se acaba este cuento.
¿Qué significado tiene?
¿No lo ven ustedes? ¡Vaya!
¡Abran bien los ojos
y miren otra vez!

# ACKNOWLEDGMENTS

All possible care has been taken to trace ownership and secure permission for each selection in this anthology. The Great Books Foundation wishes to thank the following authors, publishers, and representatives for permission to reprint copyrighted material:

EL SOMBRERO DEL TÍO NACHO, adapted by Harriet Rohmer. Translated by Rosalma Zubizarreta. Copyright 1989 by Harriet Rohmer. Reprinted by permission of Children's Book Press.

*Jack y el tallo de frijol,* by Joseph Jacobs. Translated by Osvaldo Blanco. Translation copyright 1999 by The Great Books Foundation.

*La pajarita de papel,* from EL HOMBRECITO VESTIDO DE GRIS Y OTROS CUENTOS, by Fernando Alonso. Copyright 1978 by Fernando Alonso. Reprinted by permission of Grupo Santillana, S.A.

*El gorrito mágico,* by Yoshiko Uchida. Translated by Osvaldo Blanco with permission of Creative Arts Book Company. Translation copyright 2002 by The Great Books Foundation.

*La sapita sabia,* from LA SAPITA SABIA Y OTROS CUENTOS, by Rosario Ferré. Copyright 1997 by Rosario Ferré. Reprinted by permission of Susan Bergholz Literary Services.

*La Cenicienta,* by Charles Perrault. Translated by Osvaldo Blanco. Translation copyright 2002 by The Great Books Foundation.

BAJO LA LUNA DE LIMÓN, by Edith Hope Fine. Translated by Eida de la Vega. Translation copyright 1999 by Lee & Low Books, Inc. Reprinted by permission of Lee & Low Books, Inc.

EL GLOBO ROJO, by Albert Lamorisse. Translated by Osvaldo Blanco. Translation copyright 2002 by The Great Books Foundation.

EL BURRITO Y LA TUNA, as told by Ramón Paz Ipuana. Copyright 1979 by Ediciones Ekaré. Reprinted by permission of Ediciones Ekaré.

*La manzana de la satisfacción,* by Howard Pyle. Translated by Osvaldo Blanco. Translation copyright 2002 by The Great Books Foundation.

# ILLUSTRATION CREDITS

Enrique O. Sanchez prepared the illustrations for *El sombrero del tío Nacho*.

David Johnson prepared the illustrations for *Jack y el tallo de frijol*.

Ward Schumaker prepared the illustrations for *La pajarita de papel*.

Ed Young prepared the illustrations for *El gorrito mágico*.

Mary Jones prepared the illustrations for *La sapita sabia*.

Arthur Rackham's illustrations for *La Cenicienta* are from CINDERELLA, by C. S. Evans, first published in 1919 by William Heinemann.

René King Moreno's illustrations for *Bajo la luna de limón* are from the book of the same name. Illustrations copyright 1999 by René King Moreno. Reprinted by permission of Lee & Low Books, Inc.

David Cunningham prepared the illustrations for *El globo rojo,* based on stills from the film *The Red Balloon,* released in the United States in 1957.

Leovigildo Martínez prepared the illustrations for *El burrito y la tuna*.

Howard Pyle's illustrations for *La manzana de la satisfacción* are from PEPPER & SALT, OR SEASONING FOR YOUNG FOLK, by Howard Pyle, first published in 1885 by Harper & Brothers.


Cover art by René King Moreno from BAJO LA LUNA DE LIMÓN. Copyright 1999 by René King Moreno. Reprinted by permission of Lee & Low Books, Inc.

Text and cover design by Think Design Group.